SUCCESSO FINANZIARIO

Strategie Vincenti per Costruire il Tuo Patrimonio

White Bunny

AVVISO LEGALE E DISCLAIMER SUGLI INVESTIMENTI:

Il presente libro è stato redatto con l'intento di fornire una panoramica generale sul tema degli investimenti e della gestione finanziaria. L'autore e gli editori non sono professionisti finanziari e le informazioni qui contenute non costituiscono consulenza finanziaria, legale o fiscale.

Si sottolinea che gli investimenti comportano rischi e che le decisioni finanziarie dovrebbero essere prese con attenzione, basandosi sulla propria situazione finanziaria personale, obiettivi e tolleranza al rischio. L'autore non si assume alcuna responsabilità per eventuali perdite o danni derivanti dalle decisioni di investimento prese in seguito alla lettura di questo libro.

Si consiglia vivamente di consultare un consulente finanziario qualificato prima di intraprendere qualsiasi decisione finanziaria. Le informazioni fornite nel libro potrebbero non essere aggiornate o adatte a specifiche circostanze individuali, e quindi è responsabilità del lettore verificare l'attualità delle informazioni e ottenere consulenza professionale quando necessario.

L'autore e gli editori non possono essere ritenuti responsabili per le conseguenze di eventuali decisioni di investimento assunte in seguito alla lettura di questo libro.

Indice

Conclusione:

Domande di Riepilogo:

1) INTRODUZIONE AGLI INVESTIMENTI

Benvenuti a bordo di un viaggio entusiasmante nel mondo degli investimenti, dove le opportunità finanziarie si presentano come mare aperto. Questa introduzione è la chiave per aprire le porte a un universo di possibilità che trasformeranno il modo in cui comprendi e gestisci il tuo denaro. Che tu sia un neofita curioso o un veterano finanziario in cerca di nuove strategie, questa guida ti condurrà attraverso i principi fondamentali e le sfumature degli investimenti.

In questo capitolo introduttivo, esploreremo cosa sono gli investimenti e perché sono fondamentali per la costruzione di un futuro finanziario solido. Scopriremo i diversi tipi di investimenti, i rischi e i benefici che li accompagnano. Affronteremo le questioni cruciali legate al profilo di rischio e come determinarlo in modo accurato per massimizzare i rendimenti.

Preparati a esplorare le strade della diversificazione del portafoglio, imparando a bilanciare il rischio e la crescita. Inoltre, ci immergeremo nelle analisi fondamentali e tecniche, fornendo gli strumenti essenziali per prendere decisioni informate sugli investimenti in azioni e obbligazioni.

Questo viaggio non riguarda solo le cifre e i grafici; esploreremo anche gli investimenti immobiliari, i fondi comuni di investimento, gli ETF e le strategie di risparmio fiscale. Attraverso questo percorso, ti guideremo anche nella gestione attiva e passiva del tuo portafoglio, condividendo consigli pratici su come monitorare, adattare e proteggere i tuoi investimenti nel tempo.

Preparati a trasformare il tuo approccio finanziario e a padroneggiare il mondo degli investimenti con saggezza e fiducia. Sia che tu stia cercando di creare ricchezza a lungo termine o di ottimizzare la tua situazione finanziaria attuale, questa guida ti darà gli strumenti e la conoscenza per navigare con successo le acque degli investimenti. Buon viaggio verso un futuro finanziario radioso!

1.1 I diversi tipi di investimenti

Gli investimenti rivestono un ruolo centrale nella gestione finanziaria personale, assumendo forme diverse adatte alle esigenze degli investitori. Le azioni offrono partecipazione azionaria in società, con l'obiettivo di trarre profitto dalla crescita aziendale. Le obbligazioni, titoli di debito emessi da enti governativi o aziende, garantiscono pagamenti periodici di interessi e restituzione del capitale. I fondi comuni di investimento, gestiti professionalmente, consentono diversificazione automatica del portafoglio. Gli ETF, simili ai fondi comuni, sono negoziati in borsa e offrono diversificazione istantanea su indici o settori. Gli investimenti immobiliari coinvolgono proprietà per generare reddito attraverso l'affitto o la vendita. Strumenti di reddito fisso, come certificati di deposito, forniscono rendimenti fissi. Esistono anche investimenti alternativi, come hedge fund e venture capital, con opportunità di rendimento elevato e rischi più alti. La comprensione di queste opzioni è cruciale per costruire un portafoglio bilanciato in base agli obiettivi e al profilo di rischio dell'investitore.

1.2 I rischi degli investimenti

Gli investimenti conllevano inevitabilmente rischi, rappresentando una componente intrinseca del processo decisionale finanziario. L'andamento dei mercati può essere influenzato da variabili imprevedibili, come cambiamenti economici, politici o sociali. Il rischio di mercato implica fluttuazioni dei valori degli investimenti in risposta a tali fattori esterni. Inoltre, il rischio di credito si manifesta quando emittenti di titoli, come aziende o governi, non riescono a onorare i propri obblighi di pagamento. I cambiamenti nei tassi di interesse possono impattare il valore degli investimenti a tasso fisso. Va considerato anche il rischio di liquidità, legato alla difficoltà di vendere un investimento senza influenzare significativamente il suo prezzo di mercato. La diversificazione del portafoglio può mitigare alcuni rischi, ma gli investitori devono essere consapevoli delle possibili perdite e adottare strategie adeguate di gestione del rischio per preservare il capitale in situazioni di volatilità del mercato.

Ulteriori rischi includono il rischio di settore, che deriva dalla concentrazione degli investimenti in un particolare settore industriale, rendendo il portafoglio sensibile alle fluttuazioni di quel settore. Il rischio valutario si manifesta quando si investe in attività denominate in valute estere, poiché i tassi di cambio possono variare, influenzando il valore dell'investimento. La comprensione e la valutazione di questi rischi sono essenziali per gli investitori, in quanto possono influire sul rendimento complessivo del portafoglio. La diversificazione strategica, l'analisi attenta e la gestione attiva del portafoglio sono strumenti fondamentali per affrontare e mitigare i rischi associati agli investimenti, consentendo agli investitori di prendere decisioni informate e sostenibili nel perseguire i propri obiettivi finanziari.

1.3 I benefici degli investimenti

Gli investimenti costituiscono un pilastro fondamentale nella gestione finanziaria, offrendo una serie di vantaggi significativi. Innanzitutto, rappresentano un mezzo efficace per far crescere il patrimonio nel tempo attraverso la potenziale valorizzazione degli asset. La diversificazione del portafoglio, distribuendo gli investimenti su diverse classi di attività, contribuisce a mitigare i rischi, fornendo una maggiore stabilità e resilienza al portafoglio stesso.

Investire a lungo termine offre l'opportunità di generare rendite continue attraverso dividendi, interessi o plusvalenze. Questo tipo di approccio è particolarmente vantaggioso per coloro che mirano a realizzare obiettivi finanziari a lungo termine, come il finanziamento dell'istruzione dei figli, la preparazione per il pensionamento o la creazione di un fondo di emergenza.

La diversificazione non riguarda solo la distribuzione tra azioni e obbligazioni, ma anche tra settori industriali e tipi di asset. Questa strategia mira a massimizzare i rendimenti riducendo al contempo l'impatto di underperformance in un settore specifico.

È essenziale sottolineare che, sebbene gli investimenti offrano opportunità di crescita finanziaria, comportano anche rischi. Pertanto, una gestione oculata e informata è fondamentale. L'acquisizione di competenze finanziarie, la comprensione del proprio profilo di rischio e l'adeguata pianificazione degli obiettivi finanziari sono elementi chiave per ottimizzare i benefici degli investimenti e garantire una gestione sostenibile delle risorse finanziarie nel tempo.

2) INTRODUZIONE AL PROFILO DI RISCHIO E OBIETTIVI FINANZIARI

Il Profilo di Rischio e la definizione degli Obiettivi Finanziari rappresentano fasi cruciali nella pianificazione degli investimenti. Il Profilo di Rischio riflette la propensione di un individuo ad assumere rischi finanziari, fondamentale per costruire un portafoglio in linea con le sue preferenze e comfort. Esso dipende da fattori personali come l'orizzonte temporale degli investimenti, la tolleranza alle fluttuazioni di mercato e la capacità di gestire eventuali perdite.

Determinare il proprio Profilo di Rischio richiede una valutazione onesta delle proprie aspettative, preferenze e obiettivi finanziari. Un profilo di rischio equilibrato è essenziale per evitare scelte d'investimento incompatibili con la propria situazione finanziaria e la capacità di supportare eventuali perdite.

Parallelamente, la definizione degli Obiettivi Finanziari implica identificare chiaramente cosa si intende raggiungere attraverso gli investimenti. Che siano a breve, medio o lungo termine, gli obiettivi fungono da guida per la pianificazione finanziaria. Ciò potrebbe includere il finanziamento dell'istruzione, l'acquisto di una casa, la creazione di un fondo pensionistico o la realizzazione di progetti personali.

La correlazione tra Profilo di Rischio e Obiettivi Finanziari è cruciale. Un profilo di rischio ben calibrato consente agli investitori di selezionare strategie e asset appropriati per perseguire i propri obiettivi, mantenendo al contempo una gestione prudente dei rischi. In questo contesto, la consapevolezza di tali aspetti costituisce il fondamento per un approccio oculato e personalizzato alla gestione degli investimenti, ottimizzando le possibilità di successo e la realizzazione di obiettivi finanziari duraturi.

2.1 Che cos'è il profilo di rischio?

Il profilo di rischio rappresenta una valutazione dettagliata della propensione di un individuo ad assumere rischi finanziari nell'ambito degli investimenti. Si basa su una serie di fattori personali, tra cui l'orizzonte temporale degli investimenti, la tolleranza alle fluttuazioni di mercato e la capacità di gestire eventuali perdite finanziarie. La sua determinazione è cruciale per la creazione di un portafoglio di investimenti adatto alle esigenze e alle preferenze dell'investitore.

L'orizzonte temporale degli investimenti riflette la durata prevista del periodo in cui si intende mantenere gli investimenti. Gli investimenti a lungo termine possono consentire una maggiore tolleranza al rischio, in quanto i mercati finanziari hanno più tempo per superare eventuali fluttuazioni a breve termine. La tolleranza alle fluttuazioni di mercato è la capacità di un investitore di sopportare variazioni di valore nel portafoglio senza subire stress finanziario eccessivo.

La capacità di gestire eventuali perdite finanziarie è strettamente legata alla situazione finanziaria complessiva di un individuo. Elementi come il livello di reddito, le spese correnti e la presenza di riserve di emergenza influenzano la capacità di recuperare da eventuali perdite d'investimento.

Determinare un profilo di rischio bilanciato è un processo che richiede autovalutazione e consapevolezza finanziaria. Gli investitori possono essere classificati in profili conservativi, moderati o aggressivi in base alla loro propensione al rischio. Questa valutazione è essenziale per garantire che le strategie d'investimento siano allineate con gli obiettivi finanziari dell'individuo, riducendo al minimo il rischio di scelte inadatte e favorendo una gestione oculata e mirata del proprio patrimonio.

2.2 Come determinare il proprio profilo di rischio

Determinare il proprio profilo di rischio è un processo cruciale nella pianificazione degli investimenti. Innanzitutto, è essenziale valutare l'orizzonte temporale degli investimenti, ovvero il periodo durante il quale si prevede di mantenere gli investimenti. Gli investitori con un orizzonte temporale più lungo possono spesso permettersi di assumere rischi più elevati, poiché hanno più tempo per recuperare eventuali perdite e beneficiare dalla crescita a lungo termine.

La tolleranza alle fluttuazioni di mercato è un altro aspetto chiave. Gli investitori devono riflettere su quanto siano disposti a sopportare variazioni di valore nel loro portafoglio senza sentirsi ansiosi o influenzare le loro decisioni finanziarie. Questa valutazione dipende dalla loro personalità, esperienza passata e comfort con l'incertezza finanziaria.

La capacità di gestire eventuali perdite finanziarie è legata alla situazione finanziaria complessiva dell'investitore. La presenza di riserve di emergenza, il livello di reddito e le spese correnti sono fattori determinanti nella valutazione di quanto un investitore possa sopportare perdite senza compromettere la stabilità finanziaria.

L'autovalutazione dell'atteggiamento nei confronti del rischio è altrettanto importante. Gli investitori devono riflettere su quanto siano disposti a rischiare per ottenere rendimenti più elevati e se preferiscono una strategia più conservativa con una minore esposizione al rischio.

Molti strumenti, come i questionari online, sono disponibili per assistere gli investitori nella determinazione del proprio profilo di rischio. Questi strumenti considerano una serie di domande mirate per valutare l'orizzonte temporale, la tolleranza al rischio e altri fattori pertinenti.

In sintesi, determinare il proprio profilo di rischio è un processo complesso che richiede una riflessione approfondita su vari aspetti personali e finanziari. Un profilo ben calibrato aiuta a selezionare strategie d'investimento adeguate, garantendo che gli investimenti siano in linea con gli obiettivi finanziari e il comfort individuale, contribuendo così a una gestione equilibrata e mirata del portafoglio.

2.3 La relazione tra rischio e rendimento

La relazione tra rischio e rendimento è una componente fondamentale nella valutazione degli investimenti. In generale, si può affermare che un aumento del potenziale rendimento è spesso correlato a un aumento del rischio associato a un investimento. Questo principio è noto come trade-off tra rischio e rendimento.

Investimenti considerati più rischiosi, come azioni o strumenti finanziari ad alto rendimento, potrebbero offrire opportunità di guadagno più elevate, ma con una probabilità proporzionalmente maggiore di perdite. Al contrario, investimenti considerati meno rischiosi, come obbligazioni o strumenti di reddito fisso, tendono a offrire rendimenti più modesti ma con una minore probabilità di subire perdite significative.

La valutazione della relazione tra rischio e rendimento è strettamente legata al profilo di rischio dell'investitore. Individui con una maggiore propensione al rischio potrebbero essere disposti a investire in asset più volatili, cercando rendimenti potenzialmente più elevati. Al contrario, coloro che preferiscono una strategia più conservativa potrebbero optare per investimenti più stabili, pur accettando rendimenti più moderati.

È fondamentale sottolineare che la diversificazione del portafoglio può svolgere un ruolo cruciale nel gestire il rapporto tra rischio e rendimento. La distribuzione di investimenti su diverse classi di asset può contribuire a mitigare il rischio complessivo del portafoglio, consentendo agli investitori di bilanciare le opportunità di guadagno con una gestione prudente del rischio.

In conclusione, la relazione tra rischio e rendimento è un elemento chiave nella formulazione di strategie d'investimento. La comprensione di questo trade-off è essenziale per gli investitori, poiché consente loro di prendere decisioni informate e in linea con i propri obiettivi finanziari, garantendo un approccio bilanciato e sostenibile alla gestione del portafoglio.

3) INTRODUZIONE AGLI OBIETTIVI FINANZIARI A LUNGO TERMINE

La definizione degli obiettivi finanziari a lungo termine costituisce un passo cruciale nella costruzione di una solida base per la gestione finanziaria personale. Gli obiettivi finanziari, essendo i pilastri su cui si basa la pianificazione economica individuale, consentono di delineare chiaramente le mete da raggiungere nel corso del tempo. Questi obiettivi possono spaziare dalle aspirazioni legate alla casa, all'educazione dei figli, al pensionamento e alla creazione di un patrimonio duraturo.

La chiave per una pianificazione finanziaria efficace è la definizione dettagliata di questi obiettivi. Questo processo richiede una riflessione approfondita sulle priorità personali, sulla situazione finanziaria attuale e sulle aspirazioni per il futuro. La precisione nella formulazione degli obiettivi consente di stabilire strategie d'investimento mirate e di adottare approcci finanziari adatti alle esigenze individuali.

La pianificazione finanziaria basata sugli obiettivi a lungo termine implica anche la considerazione di variabili come l'inflazione, le tasse e le fluttuazioni del mercato. Una visione proattiva di questi fattori aiuta a sviluppare strategie che tengano conto delle dinamiche economiche nel corso degli anni.

In sintesi, la definizione degli obiettivi finanziari a lungo termine fornisce una roadmap chiara per guidare le decisioni finanziarie quotidiane e le strategie d'investimento. Questa prospettiva orientata al futuro consente agli individui di perseguire con successo i propri sogni finanziari, costruendo gradualmente un patrimonio solido e sostenibile nel corso del tempo.

3.1 Che cos'è un obiettivo finanziario?

Un obiettivo finanziario rappresenta un traguardo economico specifico che un individuo si propone di raggiungere nel corso del tempo. Può abbracciare una vasta gamma di ambiti, tra cui l'acquisto di una casa, l'istruzione dei figli, la creazione di un fondo pensionistico, l'accumulo di risparmi per situazioni di emergenza o la realizzazione di progetti personali. Fondamentale è la sua natura definita e misurabile, consentendo un monitoraggio chiaro del progresso compiuto nel raggiungere l'obiettivo.

Gli obiettivi finanziari possono essere categorizzati come a breve, medio o lungo termine. Quelli a breve termine possono includere spese imminenti o l'acquisizione di beni di consumo, mentre quelli a medio termine possono riguardare l'acquisto di una casa o il finanziamento dell'istruzione universitaria. Gli obiettivi a lungo termine spesso coinvolgono la pianificazione per il pensionamento o la creazione di un patrimonio duraturo.

La chiarezza nell'identificare gli obiettivi finanziari è essenziale per orientare le decisioni di spesa e di investimento. Un obiettivo ben definito aiuta a stabilire una strategia finanziaria mirata, valutando la necessità di risparmiare, investire o adottare specifiche politiche di gestione del risparmio.

Inoltre, gli obiettivi finanziari forniscono una guida tangibile per la definizione del profilo di rischio e la selezione di strumenti d'investimento. L'allineamento di queste scelte con gli obiettivi contribuisce a garantire che le risorse finanziarie siano impiegate in modo coerente con le aspirazioni a lungo termine, facilitando il cammino verso il conseguimento del successo finanziario personale.

3.2 Come definire i propri

obiettivi finanziari

La definizione accurata dei propri obiettivi finanziari è un passaggio cruciale nella pianificazione economica personale. Per farlo in modo efficace, è necessario iniziare con una riflessione approfondita sulle proprie priorità, desideri e valori. Identificare obiettivi chiari e misurabili richiede una valutazione onesta della propria situazione finanziaria attuale e delle aspettative future.

In primo luogo, è importante stabilire la distinzione tra obiettivi a breve, medio e lungo termine. Gli obiettivi a breve termine possono riguardare spese immediate o progetti di breve durata, mentre quelli a medio termine possono includere l'acquisto di un'abitazione o il finanziamento dell'istruzione universitaria. Gli obiettivi a lungo termine, come la pensione o la creazione di un patrimonio, spesso richiedono una pianificazione più approfondita.

Successivamente, è utile quantificare gli obiettivi il più precisamente possibile. Definire importi specifici o percentuali del reddito da destinare agli obiettivi aiuta a creare una roadmap finanziaria. Ad esempio, se l'obiettivo è acquistare una casa, stabilire l'importo del pagamento iniziale desiderato e il periodo di tempo entro cui si intende raggiungerlo.

Una volta identificati e quantificati gli obiettivi, è essenziale valutare la propria capacità di risparmio e investimento. Analizzare il proprio bilancio, identificare aree di risparmio e creare un piano finanziario realistico sono passaggi cruciali per garantire che gli obiettivi siano raggiungibili e sostenibili nel tempo.

Infine, la periodica revisione e aggiornamento degli obiettivi è essenziale. Cambiamenti nella situazione finanziaria, nella carriera o nella vita personale possono richiedere un aggiornamento degli obiettivi e delle strategie per garantire una pianificazione finanziaria sempre adattata alle circostanze attuali.

In sintesi, definire i propri obiettivi finanziari richiede introspezione, pianificazione attenta e un impegno costante per adattare la strategia finanziaria alle mutevoli esigenze della vita. Una formulazione chiara e misurabile degli obiettivi fornisce la base per una gestione finanziaria oculata e orientata al successo.

3.3 L'importanza di pianificare gli obiettivi finanziari

La pianificazione degli obiettivi finanziari riveste un ruolo chiave nella gestione oculata delle risorse personali. Essa fornisce una guida strategica, consentendo agli individui di dirigere le proprie decisioni finanziarie verso il conseguimento dei traguardi prefissati. Questa importanza è evidente in diversi aspetti.

Innanzitutto, la pianificazione degli obiettivi finanziari contribuisce a stabilire priorità chiare. La vita finanziaria è costellata da una moltitudine di esigenze e desideri, e la definizione di obiettivi prioritari aiuta a concentrare le risorse sulle aree più rilevanti e significative. Ciò impedisce la dispersione delle energie finanziarie su obiettivi contrastanti, garantendo un utilizzo efficiente delle risorse.

Inoltre, la pianificazione finanziaria offre una bussola per la gestione quotidiana delle finanze. Stabilire obiettivi misurabili consente agli individui di valutare costantemente il loro progresso, monitorando entrate, spese e investimenti in relazione agli obiettivi prefissati. Questo processo favorisce una maggiore consapevolezza finanziaria e la capacità di apportare eventuali aggiustamenti lungo il percorso.

La pianificazione finanziaria è altresì essenziale per affrontare le sfide impreviste. La creazione di un fondo di emergenza o l'inclusione di piani di protezione finanziaria possono mitigare gli impatti negativi di eventi inattesi, garantendo la stabilità finanziaria anche in situazioni difficili.

Un altro aspetto chiave è l'ottimizzazione della gestione del rischio. Definire obiettivi finanziari implica considerare variabili come l'inflazione, la volatilità del mercato e le eventuali fluttuazioni economiche. La consapevolezza di tali fattori consente di sviluppare strategie resilienti e di adottare misure preventive per preservare il patrimonio nel lungo periodo.

In conclusione, la pianificazione degli obiettivi finanziari è un pilastro fondamentale per un futuro finanziario sicuro e sostenibile. Fornisce una struttura solida per prendere decisioni informate, ottimizzare le risorse e affrontare le sfide in modo proattivo, contribuendo alla costruzione di una base finanziaria solida nel corso del tempo.

4) INTRODUZIONE ALLA DIVERSIFICAZIONE DEL PORTAFOGLIO

La diversificazione del portafoglio rappresenta un principio cardine nella gestione degli investimenti, sottolineando la necessità di distribuire risorse su diverse classi di asset al fine di ridurre il rischio complessivo. Questo approccio si basa sull'antico detto "Non mettere tutte le uova in un solo cesto", riflettendo l'idea che una distribuzione oculata degli investimenti può offrire una maggiore stabilità e resilienza nel contesto di un mercato finanziario volatile.

La diversificazione del portafoglio si estende oltre la mera suddivisione tra azioni e obbligazioni; coinvolge anche la distribuzione in settori industriali diversi, aree geografiche e tipologie di strumenti finanziari. L'obiettivo è ridurre il rischio specifico legato a una particolare classe di asset, consentendo agli investitori di beneficiare delle opportunità di crescita in diverse aree e settori dell'economia.

La strategia di diversificazione si basa sulla presupposizione che le classi di asset reagiscano in modo differenziato alle variazioni del mercato. Quando alcuni investimenti possono subire perdite, altri potrebbero registrare guadagni, riducendo l'impatto negativo complessivo sul portafoglio. Questa approfondita comprensione delle dinamiche di mercato e la capacità di bilanciare il rischio con le opportunità sono essenziali per implementare con successo la diversificazione del portafoglio.

Nel contesto di una prospettiva di lungo termine, la

diversificazione del portafoglio mira a creare una struttura resilienteprogettata per resistere alle fluttuazioni e alle incertezze del mercato nel corso del tempo. La sua efficacia è evidente nell'equilibrio tra la ricerca di rendimenti e la gestione attenta del rischio, rappresentando uno degli strumenti chiave per gli investitori che perseguono una crescita sostenibile e stabile del proprio patrimonio.

4.1 Cos'è la diversificazione del portafoglio?

La diversificazione del portafoglio è una strategia chiave nella gestione degli investimenti che mira a ridurre il rischio complessivo attraverso la distribuzione oculata delle risorse su diverse classi di asset. Il principio fondamentale è quello di evitare di concentrare tutti gli investimenti in un'unica asset class o settore, allo scopo di mitigare gli impatti negativi derivanti da eventi specifici di mercato.

La diversificazione va oltre la mera suddivisione tra azioni e obbligazioni. Essa coinvolge la distribuzione del capitale su una varietà di asset finanziari, tra cui azioni, obbligazioni, fondi comuni di investimento, ETF (Exchange-Traded Fund), immobili e altro ancora. Inoltre, comprende la diversificazione geografica, settoriale e tra diversi tipi di strumenti finanziari all'interno di ciascuna classe di asset.

Questa strategia è basata sulla premessa che le diverse classi di asset reagiscano in modo differenziato alle variazioni di mercato. Mentre alcuni investimenti possono subire perdite in determinate circostanze, altri potrebbero registrare guadagni, contribuendo a bilanciare il rendimento complessivo del portafoglio.

La diversificazione del portafoglio è particolarmente rilevante nel gestire il rischio specifico di ciascun investimento. Mentre singoli titoli o settori possono essere soggetti a fluttuazioni di mercato o eventi imprevisti, una diversificazione oculata può limitare l'impatto negativo complessivo sul portafoglio.

È importante notare che la diversificazione non elimina completamente il rischio, ma piuttosto lo distribuisce in modo più equo. Una diversificazione ben studiata richiede una comprensione approfondita delle caratteristiche e delle dinamiche di ciascuna classe di asset, nonché una costante valutazione del portafoglio per adattarsi alle mutevoli condizioni di mercato.

In conclusione, la diversificazione del portafoglio è una pratica fondamentale per gli investitori che cercano di bilanciare rendimenti attesi con una gestione prudente del rischio. Implementare questa strategia richiede una pianificazione attenta, una valutazione delle proprie esigenze e una comprensione approfondita delle dinamiche di mercato, contribuendo a costruire un portafoglio più robusto e resiliente nel lungo termine.

4.2 I vantaggi della diversificazione del portafoglio

La diversificazione del portafoglio offre una serie di vantaggi chiave per gli investitori, contribuendo a mitigare rischi e promuovendo una gestione più equilibrata e sostenibile del proprio patrimonio finanziario.

Innanzitutto, la diversificazione riduce il rischio specifico legato a una singola asset class o a un particolare investimento. Poiché le diverse classi di asset possono reagire in modo differenziato agli eventi di mercato, la presenza di una varietà di investimenti contribuisce a limitare l'impatto negativo di fluttuazioni o crisi specifiche.

Un altro vantaggio è la potenziale riduzione della volatilità complessiva del portafoglio. Gli investimenti che possono essere volatili in determinate circostanze potrebbero essere bilanciati da altri più stabili, creando una maggiore stabilità complessiva del rendimento del portafoglio nel tempo.

La diversificazione può anche offrire opportunità di guadagno in diverse condizioni di mercato. Mentre alcune asset class possono subire perdite in determinati scenari economici, altre possono registrare rendimenti positivi. Questa varietà può permettere agli investitori di beneficiare delle opportunità di crescita in diversi contesti economici.

Un beneficio ulteriore riguarda la gestione attiva del rischio. Una diversificazione oculata può contribuire a prevenire la concentrazione eccessiva di rischi specifici, aiutando gli investitori a evitare perdite significative in caso di eventi avversi. Ciò è particolarmente rilevante nel contesto di un orizzonte temporale a lungo termine, in cui la preservazione del capitale è di primaria importanza.

Infine, la diversificazione del portafoglio può essere un elemento chiave nella creazione di un approccio bilanciato alla pianificazione finanziaria. Integrando una varietà di asset in un portafoglio, gli investitori possono allineare la loro strategia agli obiettivi finanziari a lungo termine, cercando un equilibrio ottimale tra rendimento atteso e gestione prudente del rischio.

In conclusione, la diversificazione del portafoglio è una pratica fondamentale che offre una serie di vantaggi, contribuendo a proteggere il patrimonio da rischi specifici e promuovendo una gestione finanziaria più resilientecome nel lungo termine.

4.3 Come diversificare il proprio portafoglio

La diversificazione del portafoglio è un processo complesso che richiede una pianificazione attenta e una comprensione approfondita delle diverse classi di asset e dei loro comportamenti di mercato. Ecco alcune strategie e considerazioni chiave per diversificare in modo efficace il proprio portafoglio.

Innanzitutto, è importante considerare la diversificazione tra diverse classi di asset, come azioni, obbligazioni, immobili e altre opportunità d'investimento. Le diverse classi di asset hanno caratteristiche e comportamenti unici, e la loro inclusione nel portafoglio può contribuire a mitigare il rischio complessivo.

All'interno di ciascuna classe di asset, è consigliabile diversificare ulteriormente. Ad esempio, nel caso delle azioni, si può considerare la diversificazione tra diverse società, settori e regioni geografiche. Per le obbligazioni, la diversificazione può avvenire attraverso l'inclusione di titoli di varie scadenze, emittenti e rating di credito.

L'utilizzo di fondi comuni di investimento e ETF può semplificare la diversificazione, consentendo agli investitori di accedere a una vasta gamma di asset con una singola transazione. Questi veicoli d'investimento sono gestiti professionalmente e spesso replicano indici di mercato, offrendo così una diversificazione automatica.

La diversificazione geografica è un aspetto cruciale, considerando gli investimenti in mercati nazionali e internazionali. Gli eventi di mercato possono influenzare regioni specifiche in modi diversi, e includere investimenti internazionali può contribuire a ridurre il rischio legato a una singola area geografica.

Da un punto di vista temporale, è consigliabile considerare la diversificazione nel corso del tempo. La distribuzione degli investimenti su un orizzonte temporale più ampio può contribuire a gestire le fluttuazioni di mercato e ad affrontare le variazioni cicliche.

Infine, la diversificazione dovrebbe essere periodicamente rivista e aggiornata in base alle nuove condizioni di mercato, agli obiettivi finanziari e ai cambiamenti personali. La dinamicità è essenziale per adattare il portafoglio alle mutevoli circostanze economiche e alle evoluzioni degli obiettivi individuali.

In sintesi, diversificare il proprio portafoglio richiede una combinazione di attenta pianificazione, comprensione delle diverse opportunità d'investimento e una gestione dinamica nel tempo. Implementare una strategia di diversificazione ben calibrata è fondamentale per perseguire una gestione del rischio efficace e ottimizzare le opportunità di rendimento nel lungo termine.

5) INTRODUZIONE ALL'ANALISI FONDAMENTALE

L'analisi fondamentale rappresenta un pilastro essenziale nella valutazione degli investimenti, fornendo agli investitori uno strumento approfondito per comprendere la salute finanziaria di un'azienda e valutare il suo potenziale di crescita. Questo approccio si basa sull'esame dettagliato dei fondamentali aziendali, analizzando fattori come i bilanci, i flussi di cassa, i profitti e le prospettive di mercato.

La premessa fondamentale è che il valore intrinseco di un'azione sia riflesso nei suoi fondamentali sottostanti. Gli investitori che utilizzano l'analisi fondamentale cercano di individuare le aziende sottovalutate o con un potenziale di crescita non ancora pienamente riconosciuto dal mercato.

Questo approccio coinvolge una valutazione approfondita di vari indicatori finanziari, come il rapporto prezzo/utile, il rapporto debito/equity, i margini di profitto e altri parametri chiave. Inoltre, l'analisi fondamentale può includere la valutazione delle condizioni di mercato, delle tendenze industriali e di altri fattori macroeconomici che possono influenzare le prospettive di un'azienda.

Nel corso del tempo, l'analisi fondamentale è stata applicata a diverse classi di asset, comprese azioni, obbligazioni e strumenti finanziari complessi. La sua utilità si estende oltre la selezione di singoli titoli, poiché può essere impiegata anche per valutare settori industriali, mercati globali e perfino economie intere.

Sebbene l'analisi fondamentale richieda un impegno significativo nella raccolta e nell'interpretazione dei dati finanziari, fornisce agli investitori una base solida per prendere decisioni informate. Navigare attraverso i fondamentali aziendali consente di identificare opportunità di investimento a lungo termine e di costruire un portafoglio che rifletta la propria visione delle prospettive economiche. In un mondo finanziario dinamico, l'analisi fondamentale rimane uno strumento essenziale per coloro che cercano di investire con una prospettiva basata sui dati e una comprensione approfondita delle aziende e dei mercati.

5.1 Cos'è l'analisi fondamentale?

L'analisi fondamentale è un approccio dettagliato alla valutazione degli investimenti che si concentra sull'esame approfondito dei fondamentali aziendali al fine di determinare il valore intrinseco di un'entità finanziaria, come un'azione o un titolo obbligazionario. Il nucleo di questo metodo consiste nell'analizzare i dati finanziari e le informazioni relative a un'azienda, al fine di valutarne la salute finanziaria e prevederne le prospettive di crescita.

Gli aspetti chiave considerati nell'analisi fondamentale includono il bilancio aziendale, i flussi di cassa, i profitti, i margini di profitto, la gestione finanziaria e altri indicatori finanziari rilevanti. L'obiettivo è capire la reale solidità e il potenziale di guadagno di un'azienda, andando oltre la semplice valutazione del suo prezzo di mercato corrente.

Per le azioni, ad esempio, l'analisi fondamentale valuta il rapporto prezzo/utile (P/E), il rendimento dei dividendi, il rapporto debito/equity e altri indicatori per determinare se un'azione è sottovalutata o sovravalutata rispetto al suo valore intrinseco. Per le obbligazioni, l'analisi fondamentale può includere la valutazione della capacità dell'emittente di ripagare il debito e la valutazione delle condizioni economiche che potrebbero influenzare la solidità creditizia.

L'analisi fondamentale non si limita alle singole aziende, ma può estendersi anche all'analisi di settori industriali, mercati globali e persino a intere economie. Ciò permette agli investitori di prendere decisioni informate sulla base delle condizioni macroeconomiche e delle tendenze di mercato.

In sintesi, l'analisi fondamentale rappresenta un'approfondita esplorazione dei dati finanziari e delle variabili che possono influenzare la salute e la crescita di un'entità finanziaria. È uno strumento chiave per gli investitori che cercano di individuare opportunità di investimento a lungo termine e di costruire un portafoglio che rifletta una comprensione approfondita dei fondamentali aziendali e delle dinamiche di mercato.

5.2 I fattori fondamentali da considerare nell'analisi fondamentale

Nell'analisi fondamentale, diversi fattori sono esaminati per valutare la salute finanziaria di un'azienda e prevederne le prospettive di crescita. Questi fattori forniscono una panoramica completa del contesto finanziario e operativo, consentendo agli investitori di prendere decisioni informate sulla base di dati solidi e rilevanti.

Bilancio Aziendale: Il bilancio fornisce un quadro della situazione finanziaria dell'azienda, includendo attività, passività e patrimonio netto. Esaminare l'andamento nel tempo di voci come l'indebitamento e la liquidità offre indicazioni sulla stabilità finanziaria.

Flussi di Cassa: I flussi di cassa riflettono l'entrata e l'uscita di denaro nell'azienda. Un flusso di cassa positivo è essenziale per finanziare le operazioni aziendali e gli investimenti futuri.

Proventi e Profitti: L'analisi delle entrate e dei profitti aiuta a valutare la redditività dell'azienda. Le tendenze nei profitti netti e lordi possono rivelare la capacità di generare guadagni in modo sostenibile.

Rapporto Prezzo/Utile (P/E): Il P/E confronta il prezzo dell'azione con il suo guadagno per azione. Un P/E più basso può indicare un'azione potenzialmente sottovalutata, mentre un P/E più alto potrebbe suggerire una valutazione più elevata.

Rapporto Debito/Equity: Questo rapporto misura la quantità di finanziamento derivante dal debito rispetto al capitale proprio. Un rapporto equilibrato indica una gestione finanziaria prudente.

Margine di Profitto: Esamina la percentuale di profitto rispetto al fatturato. Un margine di profitto sano può indicare una gestione efficiente delle risorse.

Dividendi: Gli investitori possono valutare la stabilità e la crescita di un'azienda attraverso la storia dei pagamenti di dividendi. Le aziende che distribuiscono dividendi possono indicare una solidità finanziaria.

Tendenze del Settore e dell'Economia: Considerare le condizioni macroeconomiche e le tendenze del settore è fondamentale. Cambiamenti nelle dinamiche di mercato possono influenzare significativamente le prospettive di un'azienda.

Leadership e Governance: La qualità della leadership e la struttura di governance aziendale possono influenzare le decisioni aziendali e l'efficienza operativa.

Innovazione e Ricerca e Sviluppo (R&S): L'attenzione all'innovazione e agli investimenti in R&S può indicare la capacità di un'azienda di adattarsi alle mutevoli condizioni del mercato.

5.3 Come utilizzare l'analisi fondamentale per investire

L'analisi fondamentale fornisce una solida base per le decisioni d'investimento, consentendo agli investitori di valutare attentamente le opportunità e i rischi associati a un'azienda o a un titolo. Utilizzare efficacemente l'analisi fondamentale richiede una combinazione di competenze analitiche, comprensione del contesto di mercato e una visione a lungo termine. Ecco come gli investitori possono sfruttare l'analisi fondamentale per prendere decisioni informate:

Selezione di Titoli: Gli investitori possono utilizzare l'analisi fondamentale per selezionare azioni o obbligazioni che mostrano solidi fondamentali e un potenziale di crescita. Identificare aziende con bilanci robusti, flussi di cassa positivi e prospettive di profitto può aiutare a costruire un portafoglio di investimenti resilienti nel tempo.

Valutazione del Valore Intrinseco: Calcolare il valore intrinseco di un'azione o di un titolo obbligazionario è un passo chiave nell'analisi fondamentale. Confrontare il valore intrinseco con il prezzo di mercato attuale può indicare se un'entità finanziaria è sottovalutata o sovravalutata.

Pianificazione a Lungo Termine: L'analisi fondamentale è particolarmente utile per gli investitori con una prospettiva a lungo termine. La comprensione approfondita dei fondamentali aziendali consente di valutare come un'azienda può performare nel corso degli anni, considerando eventuali cambiamenti economici o settoriali.

Gestione del Rischio: Esaminare i fondamentali aiuta gli investitori a valutare e gestire il rischio. Comprendere la situazione finanziaria di un'azienda, la sua capacità di ripagare il debito e la stabilità dei flussi di cassa può contribuire a mitigare potenziali perdite.

Aggiornamenti Periodici: Gli investitori devono regolarmente rivedere e aggiornare le loro analisi fondamentali in risposta ai cambiamenti nel mercato, nell'azienda stessa o nel contesto economico. Monitorare attentamente i report finanziari trimestrali, gli sviluppi nel settore e le condizioni macroeconomiche è cruciale.

Integrare con Altri Approcci: L'analisi fondamentale può essere integrata con altri approcci d'investimento, come l'analisi tecnica o la diversificazione del portafoglio. Questo approccio integrato fornisce una prospettiva più completa e bilanciata.

In conclusione, l'analisi fondamentale è uno strumento potente per gli investitori che cercano di comprendere a fondo le opportunità di investimento. Quando utilizzata con saggezza, questa metodologia può guidare decisioni di investimento informate, contribuendo a costruire un portafoglio resilientenel lungo termine.

6) INTRODUZIONE ALL'ANALISI TECNICA

L'analisi tecnica è un approccio alla valutazione degli investimenti che si concentra sull'esame dei dati storici dei prezzi e dei volumi di scambio per identificare pattern, tendenze e possibili segnali futuri di mercato. Questo metodo si basa sull'idea che i movimenti passati dei prezzi possono fornire indicazioni sulla direzione futura dei mercati finanziari.

A differenza dell'analisi fondamentale, che si basa sui fondamentali aziendali, l'analisi tecnica si concentra esclusivamente sul comportamento dei prezzi e sulla psicologia del mercato. I sostenitori di questa metodologia credono che le informazioni già incorporate nei prezzi delle azioni riflettano tutte le variabili rilevanti, rendendo l'analisi tecnica uno strumento utile per anticipare i movimenti futuri dei prezzi.

Gli analisti tecnici utilizzano una varietà di strumenti e tecniche, tra cui grafici, indicatori e modelli di analisi, per identificare pattern ricorrenti e sviluppare previsioni di mercato. Questo approccio è spesso associato al trading a breve termine, ma può anche essere applicato con successo a orizzonti temporali più lunghi.

L'analisi tecnica si basa su alcuni concetti chiave, come il supporto e la resistenza, le medie mobili, gli oscillatori e altri indicatori tecnici. Gli investitori utilizzano queste informazioni per prendere decisioni di trading, identificare punti di ingresso e uscita, e stabilire strategie di gestione del rischio.

Mentre alcuni investitori preferiscono l'analisi fondamentale per la sua attenzione ai dati finanziari aziendali, altri trovano nell'analisi tecnica uno strumento prezioso per interpretare il comportamento dei mercati e prendere decisioni informate. Integrare entrambi gli approcci può offrire una prospettiva più completa e bilanciata nella gestione degli investimenti. In un contesto di mercato complesso e dinamico, l'analisi tecnica continua a essere una risorsa rilevante per gli investitori che cercano di comprendere e anticipare le tendenze dei prezzi nei mercati finanziari.

6.1 Cos'è l'analisi tecnica?

L'analisi tecnica è una metodologia utilizzata nell'ambito degli investimenti finanziari che si concentra sull'esame dei dati storici dei prezzi e dei volumi di scambio per prevedere i futuri movimenti del mercato. Questo approccio si basa sull'idea che i prezzi delle attività finanziarie riflettano tutte le informazioni disponibili e che gli schemi e le tendenze identificabili nei dati storici possano essere utilizzati per anticipare il comportamento futuro dei prezzi.

Uno degli elementi chiave dell'analisi tecnica è l'uso di grafici per visualizzare i movimenti dei prezzi nel tempo. Gli analisti tecnici cercano pattern specifici nei grafici, come teste e spalle, triangoli, bande di Bollinger e altri, che possono fornire indicazioni sulla direzione futura dei prezzi.

Gli indicatori tecnici sono un altro aspetto importante dell'analisi tecnica. Questi indicatori sono calcolati utilizzando formule matematiche basate sui dati di prezzo e volume. Esempi di indicatori includono le medie mobili, l'indice di forza relativa (RSI) e il MACD (Moving Average Convergence Divergence). Questi strumenti forniscono informazioni sugli eventuali eccessi di acquisto o vendita di un'attività finanziaria, aiutando gli investitori a prendere decisioni informate.

L'analisi tecnica è spesso associata al concetto di supporto e resistenza, dove il supporto rappresenta un livello di prezzo al di sotto del quale un'attività fatica a scendere e la resistenza è un livello al di sopra del quale l'attività fatica a salire. Questi livelli possono essere utilizzati per identificare punti di ingresso o uscita.

È importante notare che l'analisi tecnica non tiene conto dei fondamentali aziendali come i guadagni, i dividendi o i rapporti finanziari. Si basa invece sull'idea che le tendenze e i pattern di prezzo si ripetano nel tempo, consentendo agli investitori di prendere decisioni in base a modelli storici.

L'analisi tecnica è comunemente utilizzata da trader e investitori per prendere decisioni a breve termine, ma può anche essere applicata a orizzonti temporali più lunghi. Mentre alcuni investitori la ritengono uno strumento prezioso per anticipare i movimenti dei prezzi, altri la criticano per la sua mancanza di considerazione per i fondamentali aziendali e le condizioni di mercato più ampie. Integrare l'analisi tecnica con altri approcci può contribuire a ottenere una visione più completa dei mercati finanziari.

6.2 I principi dell'analisi tecnica

L'analisi tecnica si basa su alcuni principi fondamentali che guidano l'interpretazione dei dati storici dei prezzi e dei volumi di scambio. Comprendere questi principi è essenziale per coloro che adottano questo approccio nell'ambito degli investimenti:

Il Prezzo Riflette Tutto: Uno dei concetti chiave dell'analisi tecnica è che tutte le informazioni disponibili, comprese notizie, eventi e aspetti fondamentali, sono già riflessi nei prezzi di mercato. Di conseguenza, l'analista tecnico si concentra sui movimenti dei prezzi per prendere decisioni informate.

I Prezzi Si Muovono in Tendenze: L'analisi tecnica parte dall'assunto che i prezzi delle attività finanziarie si muovono in trend, che possono essere in salita (trend rialzista), in discesa (trend ribassista) o laterali (trend laterale). Identificare e seguire queste tendenze è cruciale per anticipare i movimenti futuri dei prezzi.

La Storia Tende a Ripetersi: Gli analisti tecnici credono che i pattern di prezzo e i movimenti osservati in passato abbiano una propensione a ripetersi nel tempo. Riconoscere questi pattern può aiutare gli investitori a prevedere come si svilupperanno i prezzi in base alle esperienze passate.

Supporto e Resistenza: I livelli di supporto e resistenza sono punti chiave su un grafico. Il supporto rappresenta un livello di prezzo al di sotto del quale un'attività ha difficoltà a scendere ulteriormente, mentre la resistenza è un livello al di sopra del quale l'attività ha difficoltà a salire. Questi livelli possono indicare punti di ingresso o uscita.

Grafici e Indicatori Tecnici: Gli analisti tecnici utilizzano una varietà di grafici, come quelli a candela o a barre, per visualizzare i movimenti dei prezzi. Inoltre, integrano indicatori tecnici, come le medie mobili o l'RSI, per identificare trend, confermare inversioni di trend e valutare la forza o la debolezza di un movimento.

Volume di Scambio: Il volume di scambio è considerato un indicatore chiave. Aumenti significativi di volume durante un movimento dei prezzi possono confermare la validità di tale movimento, mentre diminuzioni del volume possono indicare un indebolimento del trend.

Trendline e Canali: Gli analisti tecnici tracciano spesso trendline o canali su un grafico per identificare i limiti di un trend o di un movimento laterale. Questi strumenti possono essere utilizzati per individuare potenziali punti di svolta o continuazione di una tendenza.

È importante sottolineare che l'analisi tecnica non è esente da critiche e che l'efficacia di questa metodologia può variare. Molti investitori integrano l'analisi tecnica con altri approcci, come l'analisi fondamentale, per ottenere una visione più completa dei mercati finanziari.

6.3 Come utilizzare l'analisi tecnica per investire

L'applicazione pratica dell'analisi tecnica comporta l'utilizzo di diversi strumenti e approcci per prendere decisioni di investimento basate sui dati storici dei prezzi. Ecco come gli investitori possono utilizzare l'analisi tecnica per guidare le loro strategie:

Identificazione dei Trend: Gli analisti tecnici cercano di individuare trend nei movimenti dei prezzi. Un trend rialzista è caratterizzato da massimi e minimi crescenti, mentre un trend ribassista mostra massimi e minimi decrescenti. I trend possono aiutare gli investitori a stabilire la direzione predominante del mercato.

Riconoscimento di Pattern di Prezzo: Gli analisti tecnici studiano i pattern di prezzo che si sono verificati in passato e che potrebbero ripetersi. Ad esempio, il "testa e spalle" o il "doppio fondo" sono pattern comuni che possono indicare inversioni di tendenza o continuazioni.

Utilizzo degli Indicatori Tecnici: Gli indicatori tecnici forniscono informazioni supplementari sull'andamento dei prezzi. Ad esempio, le medie mobili possono aiutare a identificare la direzione del trend, mentre l'RSI (Relative Strength Index) può indicare se un'azione è ipercomprata o ipervenduta.

Analisi del Volume di Scambio: L'analisi del volume di scambio accompagna spesso le decisioni basate sull'analisi tecnica. Aumenti significativi del volume durante un movimento dei prezzi possono confermare la forza di quel movimento, mentre diminuzioni del volume possono indicare una possibile inversione.

Utilizzo di Livelli di Supporto e Resistenza: Identificare e utilizzare i livelli di supporto e resistenza è un elemento chiave dell'analisi tecnica. Gli investitori possono basare le decisioni di acquisto o vendita su come il prezzo reagisce a questi livelli.

Gestione del Rischio: L'analisi tecnica può anche essere utilizzata per sviluppare strategie di gestione del rischio. Ad esempio, gli stop-loss possono essere posizionati in prossimità di livelli chiave per limitare le perdite in caso di movimenti avversi.

Conferma con Diversi Indicatori: Molti analisti tecnici cercano la conferma di un segnale attraverso l'uso di diversi indicatori. Ad esempio, una rottura al rialzo di una resistenza potrebbe essere confermata da un aumento del volume e da indicatori di momentum positivi.

Monitoraggio Costante: Gli investitori che utilizzano l'analisi tecnica devono monitorare costantemente i loro titoli per adattarsi ai cambiamenti nelle condizioni di mercato. Le tendenze possono cambiare rapidamente, e una vigilanza attiva è essenziale per prendere decisioni tempestive.

In conclusione, l'analisi tecnica è uno strumento dinamico che richiede pratica e attenzione continua. Gli investitori devono essere consapevoli delle sue limitazioni e integrare questa metodologia con altri approcci per ottenere una visione più completa e bilanciata del mercato.

7) INTRODUZIONE ALL'INVESTIRE IN AZIONI

Investire in azioni rappresenta una delle forme più comuni e accessibili di partecipazione al mercato finanziario. Le azioni rappresentano quote di proprietà in un'azienda e offrono agli investitori l'opportunità di partecipare agli utili e alla crescita di quella società. Questo capitolo esplora i concetti chiave legati all'investimento in azioni, fornendo una comprensione approfondita di come gli investitori possono selezionare, acquistare e gestire azioni nel contesto di una strategia di investimento più ampia.

Investire in azioni non si limita semplicemente all'acquisto di titoli; richiede una comprensione approfondita del funzionamento delle società quotate in borsa, dei fattori che influenzano i loro prezzi e delle strategie per gestire il rischio e massimizzare i rendimenti. Gli investitori in azioni possono adottare approcci diversi, che vanno dall'investimento a lungo termine alla partecipazione attiva al trading.

Questo capitolo esplorerà in dettaglio i vari aspetti dell'investire in azioni, inclusi i concetti di base come cos'è un'azione, come investire in azioni, e i diversi tipi di azioni disponibili sul mercato. Saranno analizzate anche le strategie di selezione e gestione del portafoglio, comprese le considerazioni fondamentali e tecniche che guidano le decisioni degli investitori.

Inoltre, il capitolo affronterà tematiche legate alla diversificazione del portafoglio attraverso investimenti in azioni di settori diversi, i rischi associati agli investimenti azionari e come gli investitori possono analizzare le società quotate attraverso metodi come l'analisi fondamentale e tecnica.

Investire in azioni può essere gratificante ma comporta anche rischi, e una comprensione approfondita di questo tipo di investimento è essenziale per prendere decisioni informate. In questo contesto, il capitolo si propone di fornire una guida completa per aiutare gli investitori a navigare nel mondo complesso degli investimenti in azioni e a sviluppare una strategia che si adatti alle loro esigenze finanziarie e ai loro obiettivi.

7.1 Che cos'è un'azione?

Un'azione rappresenta una quota di proprietà in una società, conferendo al possessore il diritto di partecipare agli utili della società e alle decisioni importanti attraverso il voto nelle assemblee degli azionisti. Le azioni sono uno strumento fondamentale nei mercati finanziari, e investire in azioni è una delle modalità più comuni di partecipazione all'andamento delle imprese quotate in borsa.

Quando un'azienda decide di quotarsi in borsa, offre una porzione della sua proprietà sotto forma di azioni. Gli investitori che acquistano queste azioni diventano azionisti della società, ottenendo diritti e responsabilità in base alla quantità di azioni detenute. Le principali caratteristiche delle azioni includono:

Diritto di Proprietà: Gli azionisti sono proprietari di una parte della società. Hanno diritto a una quota degli utili distribuiti sotto forma di dividendi e possono partecipare alle decisioni aziendali attraverso il voto alle assemblee degli azionisti.

Rendimento Potenziale: Gli investitori possono ottenere rendimenti attraverso la crescita del valore delle azioni nel tempo e attraverso i dividendi distribuiti periodicamente dalle società.

Negoziazione sul Mercato: Le azioni sono negoziabili in borsa, consentendo agli investitori di acquistarle o venderle in qualsiasi momento durante le ore di mercato. Il prezzo delle azioni è determinato dalle forze di domanda e offerta sul mercato.

Classificazioni Diverse: Le azioni possono essere classificate in diverse categorie, come azioni ordinarie e azioni privilegiate. Le azioni privilegiate possono offrire particolari vantaggi, come priorità nei dividendi.

Rischi Associati: Investire in azioni comporta rischi, poiché il valore delle azioni può variare a causa di fattori come le condizioni di mercato, la performance aziendale e i cambiamenti economici.

Analisi e Valutazione: Gli investitori utilizzano diverse metodologie, tra cui analisi fondamentale e analisi tecnica, per valutare le azioni e prendere decisioni informate sull'acquisto o sulla vendita.

Diversificazione del Portafoglio: Molti investitori includono azioni nei loro portafogli per diversificare il rischio e ottenere potenziali rendimenti superiori rispetto a investimenti meno rischiosi.

Investire in azioni richiede una comprensione approfondita degli aspetti finanziari delle società, oltre a una valutazione delle dinamiche di mercato. Gli investitori devono essere consapevoli dei rischi e delle opportunità legate agli investimenti in azioni, nonché della necessità di adattare la propria strategia in risposta alle mutevoli condizioni di mercato e alle prestazioni aziendali.

7.2 Come investire in azioni

Investire in azioni è una pratica finanziaria che richiede una pianificazione attenta e una buona comprensione del mercato azionario. Ecco alcuni passaggi e considerazioni da tenere a mente quando si decide di investire in azioni:

Ricerca e Analisi:

Prima di investire in azioni, è fondamentale condurre una ricerca dettagliata sulle aziende in cui si è interessati a investire. Questa analisi dovrebbe includere la valutazione delle performance finanziarie passate, la stabilità del settore in cui operano e le prospettive future dell'azienda.

Obiettivi e Pianificazione:

Definire chiaramente gli obiettivi di investimento è essenziale. Determinare se si cerca reddito a lungo termine, crescita del capitale o entrambi. La pianificazione finanziaria dovrebbe essere allineata con questi obiettivi.

Diversificazione del Portafoglio:

Evitare di concentrare gli investimenti su un singolo titolo. La diversificazione del portafoglio riduce il rischio complessivo. Investire in aziende di settori diversi può aiutare a mitigare gli impatti negativi di fluttuazioni specifiche del settore.

Rischio e Tolleranza al Rischio:

Valutare il proprio livello di tolleranza al rischio è cruciale. Investire comporta sempre un certo grado di rischio, e comprendere quanto si è disposti a sopportare è fondamentale per evitare decisioni impulsive in periodi di volatilità.

Monitoraggio Costante:

Il mercato azionario è dinamico e in continua evoluzione. Monitorare regolarmente le proprie azioni e adattare la strategia di investimento in base ai cambiamenti del mercato e alle notizie economiche.

Dividendi:

Se si cerca reddito, considerare di investire in azioni che

distribuiscono dividendi. Questa è una fonte di reddito regolare che può contribuire alla stabilità del portafoglio.

Utilizzo di Strumenti Finanziari:

Esplorare l'uso di strumenti finanziari come opzioni e futures solo se si ha una piena comprensione di come funzionano. Questi strumenti possono aumentare il potenziale rendimento, ma comportano anche rischi significativi.

Pianificazione Fiscale:

Comprendere l'impatto fiscale degli investimenti è essenziale. Consultare un professionista della tassazione può aiutare a ottimizzare la pianificazione fiscale e a massimizzare i rendimenti netti.

Lungo Termine vs. Breve Termine:

Decidere se si vuole investire a lungo termine o fare trading a breve termine. Le strategie e gli approcci sono diversi per ciascuna opzione, e la scelta dipende dagli obiettivi personali.

Educazione Continua:

Il mercato finanziario è complesso e in continua evoluzione. Continuare ad educarsi sulle dinamiche del mercato, le tendenze economiche e le nuove opportunità di investimento è fondamentale per un investitore di successo.

7.3 I diversi tipi di azioni

Le azioni possono essere classificate in diverse categorie in base ai diritti e alle caratteristiche di cui godono gli azionisti. Comprendere i diversi tipi di azioni è essenziale per gli investitori che desiderano costruire un portafoglio equilibrato. Ecco alcuni dei principali tipi di azioni:

1.Azioni Ordinarie: Le azioni ordinarie rappresentano la forma più comune di azioni. Gli azionisti ordinari hanno diritto di voto alle assemblee degli azionisti e possono ricevere dividendi, ma in caso di liquidazione dell'azienda, saranno rimborsati dopo gli azionisti privilegiati.

2. Azioni Privilegiate: Gli azionisti privilegiati hanno diritti prioritari rispetto agli azionisti ordinari. Questi diritti possono includere la priorità nei dividendi, la precedenza nel rimborso del capitale in caso di liquidazione e, in alcuni casi, diritti di voto speciali.

3. Azioni con Dividendi Crescenti (Dividend Growth Stocks): Queste azioni appartengono a società che hanno una storia di incremento dei dividendi nel tempo. Sono spesso cercate dagli investitori interessati a un flusso di reddito costante e a beneficiare della crescita dei dividendi nel lungo periodo.

4. Azioni Value:Le azioni value sono associate a società che sono considerate sottovalutate rispetto al loro reale valore intrinseco. Gli investitori value cercano opportunità di investimento in società con potenziale di crescita non riconosciuto dal mercato.

5. Azioni Growth: Al contrario, le azioni growth appartengono a società con un elevato potenziale di crescita del valore nel futuro. Gli investitori growth sono disposti a pagare un premio per queste azioni nella speranza di ottenere rendimenti significativi nel tempo.

6. Azioni Cicliche e Difensive: Le azioni cicliche sono legate alle fasi cicliche dell'economia e possono essere influenzate da cambiamenti nei cicli economici. Le azioni difensive, d'altra parte, tendono a mantenersi stabili anche durante periodi di recessione economica.

7. Azioni Blue Chip: Le azioni blue chip appartengono a grandi società con una comprovata storia di stabilità finanziaria e performance affidabile nel tempo. Sono spesso considerate investimenti a basso rischio.

8. Azioni Penny:Le azioni penny sono caratterizzate da un prezzo

molto basso, spesso inferiore a un dollaro. Sono associate a un rischio elevato, ma offrono anche la possibilità di rendimenti significativi.

La diversificazione tra diversi tipi di azioni consente agli investitori di gestire il rischio e di adattare il proprio portafoglio alle proprie preferenze e obiettivi di investimento. La scelta delle azioni dipende da fattori come la tolleranza al rischio, gli obiettivi finanziari e la prospettiva di investimento dell'investitore.

8) OBBLIGAZIONI E ALTRI STRUMENTI DI REDDITO FISSO

Le obbligazioni e gli altri strumenti di reddito fisso costituiscono una componente essenziale e diversificata di molte strategie di investimento. Questo capitolo esplora il mondo dei titoli obbligazionari e degli strumenti di reddito fisso, fornendo una panoramica dettagliata su cosa sono, come funzionano e come gli investitori possono integrarli nei loro portafogli.

Le obbligazioni rappresentano strumenti di debito emessi da entità governative, società o enti sovranazionali per finanziare le proprie attività. Gli investitori che acquistano obbligazioni diventano creditori di queste entità e ricevono interessi periodici e il rimborso del capitale alla scadenza. Questo capitolo esplora non solo il funzionamento delle obbligazioni, ma anche altri strumenti di reddito fisso come titoli del tesoro, certificate of deposit (CD), e prestiti bancari.

Gli investitori spesso considerano gli strumenti di reddito fisso come un elemento chiave per la gestione del rischio all'interno di un portafoglio, poiché possono offrire una fonte di reddito stabile e agire da controparte alle eventuali fluttuazioni del mercato azionario. Tuttavia, è importante comprendere le varie tipologie di obbligazioni, i rischi associati e come integrare questi strumenti in una strategia di investimento globale.

Questo capitolo fornirà un'analisi approfondita sulle caratteristiche delle obbligazioni, tra cui la durata, il rendimento e il rating di credito. Esplorerà anche le strategie di gestione del portafoglio che coinvolgono gli strumenti di reddito fisso, come la diversificazione settoriale e geografica. Inoltre, saranno affrontati concetti cruciali come il rapporto rischio-rendimento e le dinamiche di mercato che influenzano i prezzi degli strumenti di reddito fisso.

In un contesto di mercato in continua evoluzione, la comprensione delle obbligazioni e degli strumenti di reddito fisso è fondamentale per gli investitori che cercano un equilibrio tra reddito stabile e gestione del rischio. Attraverso una conoscenza approfondita di queste forme di investimento, gli investitori possono prendere decisioni informate e costruire portafogli resilienti alle variazioni del panorama finanziario.

8.1 Che cos'è un'obbligazione?

Un'obbligazione è un titolo di debito emesso da un ente sovranazionale, un governo o un'azienda per raccogliere fondi. Quando un investitore acquista un'obbligazione, in realtà sta prestando denaro all'emittente in cambio di un interesse periodico e la restituzione del capitale alla scadenza. Le obbligazioni rappresentano uno strumento di reddito fisso, poiché offrono flussi di reddito regolari sotto forma di interessi, e il capitale investito è restituito alla scadenza.

Le principali caratteristiche delle obbligazioni includono:

Scadenza: Le obbligazioni hanno una data di scadenza predefinita, al termine della quale l'emittente restituirà l'importo del capitale all'investitore. Le obbligazioni possono essere a breve termine (solitamente meno di 5 anni), medio termine (5-12 anni) o lungo termine (oltre i 12 anni).

Interessi: Gli investitori ricevono interessi periodici durante la durata della vita dell'obbligazione. Gli interessi possono essere fissi, variabili o legati a un tasso di riferimento di mercato.

Valore Nominale: Il valore nominale dell'obbligazione rappresenta l'importo che sarà restituito all'investitore alla scadenza. Gli interessi sono calcolati su questo valore.

Rating di Credito: Le agenzie di rating valutano la qualità creditizia dell'emittente e attribuiscono un rating di credito all'obbligazione. Questo rating riflette il rischio di credito associato all'emittente e influenza il rendimento offerto dall'obbligazione.

Mercato Primario e Secondario: Le obbligazioni possono essere acquistate direttamente nell'emissione (mercato primario) o in un secondo momento su un mercato finanziario (mercato secondario), dove i prezzi possono variare in base alle condizioni di mercato.

Prezzo: Il prezzo delle obbligazioni può variare in risposta a cambiamenti nei tassi di interesse di mercato. Quando i tassi di interesse salgono, il valore delle obbligazioni esistenti di solito diminuisce, e viceversa.

Rischi Associati: Gli investimenti in obbligazioni comportano diversi rischi, tra cui il rischio di tasso di interesse, il rischio di credito, e il rischio di mercato. Gli investitori devono considerare attentamente questi rischi prima di acquistare obbligazioni.

Diversificazione: Le obbligazioni offrono agli investitori un modo per diversificare il proprio portafoglio, bilanciando il rischio associato agli investimenti azionari.

Le obbligazioni sono un elemento fondamentale delle strategie di investimento e sono utilizzate sia da investitori individuali che istituzionali. La scelta di obbligazioni specifiche dipende dagli obiettivi di investimento, dalla tolleranza al rischio e dalle condizioni di mercato prevalenti.

8.2 Come investire in obbligazioni

Investire in obbligazioni richiede una comprensione approfondita delle caratteristiche di questi strumenti finanziari e delle dinamiche di mercato associati. Ecco alcuni aspetti chiave da considerare per investire in obbligazioni in modo efficace:

Obiettivi di Investimento: Gli investitori dovrebbero chiarire i propri obiettivi di investimento prima di selezionare obbligazioni. Alcuni potrebbero cercare reddito regolare attraverso interessi, mentre altri potrebbero mirare a preservare il capitale investito o ottenere guadagni di capitale.

Diversificazione del Portafoglio: Per mitigare il rischio, è consigliabile diversificare il portafoglio attraverso una varietà di obbligazioni. Ciò può includere obbligazioni di differenti emittenti, settori e scadenze.

Valutazione del Rischio di Credito: Gli investitori devono valutare il rischio di credito associato all'emittente dell'obbligazione. Le agenzie di rating forniscono valutazioni sulla qualità creditizia, e gli investitori dovrebbero considerare obbligazioni con rating adeguati al proprio profilo di rischio.

Durata dell'Obbligazione: La durata rappresenta la sensibilità di un'obbligazione alle variazioni dei tassi di interesse. Obbligazioni a breve termine sono meno sensibili rispetto a quelle a lungo termine alle fluttuazioni dei tassi.

Scelta tra Obbligazioni Governative e Corporate: Le obbligazioni governative sono emesse da enti sovranazionali o governi, mentre le obbligazioni corporate provengono da società private. Le obbligazioni governative spesso sono considerate meno rischiose, ma offrono rendimenti più bassi rispetto alle obbligazioni corporate.

Tasso di Interesse e Rendimento: Gli investitori devono tenere conto del tasso di interesse di mercato quando considerano obbligazioni. Quando i tassi di interesse salgono, i prezzi delle obbligazioni esistenti tendono a diminuire, influenzando il rendimento complessivo.

Accesso al Mercato. Gli investitori possono acquistare obbligazioni direttamente nel mercato primario al momento dell'emissione o acquistarle sul mercato secondario da altri investitori. Le transazioni sul mercato secondario possono comportare prezzi diversi da quelli di emissione.

Obbligazioni Inflation-Linked: Alcune obbligazioni sono indiciate all'inflazione, il che significa che il loro valore e gli interessi sono legati all'andamento dell'inflazione. Queste obbligazioni offrono una protezione contro l'erosione del potere d'acquisto.

Strategie di Gestione del Portafoglio: Gli investitori possono adottare strategie di gestione del portafoglio che incorporano obbligazioni, come la barbell strategy o la laddering, per ottimizzare il rendimento e gestire il rischio.

Investire in obbligazioni richiede un approccio ponderato e una valutazione attenta delle condizioni di mercato e dei rischi associati. Consultare un consulente finanziario può essere utile per personalizzare la strategia in base alle esigenze individuali e alle dinamiche di mercato in evoluzione.

8.3 Altri strumenti di reddito fisso

Oltre alle tradizionali obbligazioni, esistono diversi altri strumenti di reddito fisso che offrono opportunità di investimento con caratteristiche uniche. Esplorare questi strumenti consente agli investitori di diversificare ulteriormente il proprio portafoglio e adattarsi alle specifiche esigenze di rendimento e rischio. Ecco alcuni di questi strumenti:

Certificate of Deposit (CD): I CD sono depositi a termine presso istituti di credito con un tasso di interesse fisso e una scadenza predeterminata. Sono considerati relativamente sicuri, ma offrono rendimenti solitamente inferiori rispetto ad altre forme di reddito fisso.

Titoli del Tesoro: Emessi dal governo, i titoli del tesoro sono considerati tra gli investimenti più sicuri. Possono includere

Treasury Bills (T-bills), Treasury Notes e Treasury Bonds, con diverse scadenze e rendimenti. I T-bills, ad esempio, hanno scadenze inferiori a un anno, mentre i Treasury Bonds possono avere scadenze superiori a 20 anni.

Obbligazioni Municipal: Emesse da enti locali o governi municipali per finanziare progetti pubblici, le obbligazioni municipali offrono interessi esenti da imposte federali e spesso da imposte statali. Possono essere attraenti per gli investitori in cerca di rendimenti con vantaggi fiscali.

Obbligazioni Corporate High-Yield (High-Yield Bonds): Comunemente note come obbligazioni "junk", queste obbligazioni sono emesse da società con rating di credito inferiore e offrono rendimenti più elevati per compensare il maggiore rischio di default.

Prestiti Bancari (Bank Loans): Questi strumenti rappresentano prestiti effettuati da investitori a imprese, spesso con tassi di interesse variabili. Possono essere un modo per ottenere rendimenti più elevati, ma comportano anche un maggiore rischio.

Titoli Garantiti da Attività (Asset-Backed Securities - ABS): Gli ABS sono titoli sostenuti da attività finanziarie come prestiti ipotecari, carte di credito o prestiti per auto. Offrono una forma di diversificazione e possono essere strumenti complessi con differenti livelli di rischio.

Obbligazioni Inflation-Linked: Queste obbligazioni sono indiciate all'inflazione e offrono una protezione contro la perdita di potere d'acquisto dovuta all'aumento dei prezzi. Il valore e gli interessi di queste obbligazioni sono legati a un indice inflazionistico.

Preferred Stocks: Considerate un ibrido tra azioni e obbligazioni, le preferred stocks conferiscono ai detentori priorità nei dividendi rispetto agli azionisti comuni. Tuttavia, non hanno diritto di voto come le azioni ordinarie.

La scelta tra questi strumenti dipende dalle preferenze dell'investitore, dalla propria tolleranza al rischio e dagli obiettivi finanziari. Integrare una varietà di strumenti di reddito fisso nel proprio portafoglio può contribuire a ottimizzare il rendimento complessivo e a mitigare il rischio associato a un singolo tipo di investimento.

9) INVESTIRE IN FONDI COMUNI DI INVESTIMENTO

Gli investimenti in fondi comuni di investimento rappresentano una delle forme più diffuse e accessibili di partecipazione al mercato finanziario. Questo capitolo esplora il concetto di fondi comuni di investimento, analizzando come funzionano, i diversi tipi disponibili e come gli investitori possono trarre vantaggio da questa forma di investimento collettivo.

I fondi comuni di investimento sono veicoli gestiti professionalmente che raccolgono capitali da numerosi investitori e li investono in una vasta gamma di strumenti finanziari, come azioni, obbligazioni, e altri titoli. Questi fondi offrono agli investitori individuali l'opportunità di partecipare a portafogli diversificati gestiti da gestori di fondi professionisti, rendendo gli investimenti più accessibili e gestibili.

Tra gli aspetti chiave di questo capitolo:

Struttura dei Fondi Comuni: I fondi comuni di investimento sono costituiti da quote di partecipazione, ciascuna rappresentante una frazione della proprietà del fondo. Gli investitori acquistano quote e diventano così co-proprietari del portafoglio gestito dal fondo.

Gestione Professionale: I fondi comuni sono gestiti da professionisti del settore, noti come gestori di fondi, che prendono decisioni di investimento in base agli obiettivi e alle strategie del fondo. Questa gestione attiva mira a ottenere risultati ottimali per gli investitori.

Diversificazione e Riduzione del Rischio: Uno dei principali vantaggi dei fondi comuni è la diversificazione automatica.

Investendo in una varietà di titoli, i fondi riducono il rischio associato a un singolo investimento. Questa diversificazione è particolarmente benefica per gli investitori che desiderano mitigare il rischio senza la necessità di selezionare singoli titoli.

Tipi di Fondi Comuni: I fondi comuni possono essere classificati in diverse categorie in base agli asset in cui investono. Queste categorie includono fondi azionari, obbligazionari, misti e settoriali, ciascuno con caratteristiche e obiettivi specifici.

Rendimento e Costi: Gli investitori devono considerare sia il rendimento passato che i costi associati a un fondo comune di investimento. I rendimenti passati possono fornire un'indicazione delle prestazioni passate, mentre i costi come le commissioni di gestione influenzano il rendimento netto per gli investitori.

Liquidità: La liquidità è un elemento importante. La maggior parte dei fondi comuni offre la possibilità di riscattare le proprie quote in qualsiasi momento, consentendo agli investitori di accedere ai propri fondi con relativa facilità.

Obiettivi e Profilo di Rischio: Prima di investire in un fondo comune, gli investitori dovrebbero valutare attentamente gli obiettivi del fondo, il profilo di rischio e come essi si allineano con le proprie esigenze finanziarie.

Investire in fondi comuni di investimento rappresenta una strategia potente per coloro che cercano una gestione professionale, diversificazione e accessibilità ai mercati finanziari. Tuttavia, è fondamentale una comprensione approfondita di come funzionano i fondi e come si inseriscono nella propria strategia di investimento personale.

9.1 Che cos'è un fondo comune di investimento?

Un fondo comune di investimento è un veicolo di investimento collettivo che raccoglie capitali da un gruppo di investitori e li investe in una varietà di strumenti finanziari, come azioni, obbligazioni, titoli del mercato monetario e altri asset. La struttura di un fondo comune consente a investitori individuali di partecipare a un portafoglio diversificato gestito professionalmente, senza la necessità di selezionare e gestire direttamente singoli titoli.

Caratteristiche chiave dei fondi comuni di investimento includono:

Quotazioni: Gli investitori acquistano quote del fondo, diventando così co-proprietari del portafoglio. Il valore di una quota è determinato dal valore totale del portafoglio del fondo diviso per il numero di quote emesse.

Gestione Professionale: I fondi comuni sono gestiti da società di gestione del fondo, le quali impiegano gestori di fondi professionisti responsabili delle decisioni di investimento. Questa gestione attiva mira a ottenere risultati ottimali per gli investitori.

Diversificazione Automatica: Investendo in una vasta gamma di titoli, i fondi comuni offrono automaticamente diversificazione. Questa strategia riduce il rischio associato a un singolo investimento e contribuisce a stabilizzare il rendimento complessivo del fondo.

Tipologie di Fondo: I fondi comuni possono essere classificati in diverse categorie in base alla tipologia di asset in cui investono. Queste categorie includono fondi azionari, obbligazionari, misti, settoriali e geografici, ciascuno con obiettivi e rischi specifici.

Liquidità: Molti fondi comuni offrono la possibilità di riscattare le proprie quote in qualsiasi momento, garantendo una certa liquidità agli investitori.

Rendimento e Costi: Il rendimento di un fondo comune è influenzato dal rendimento degli strumenti in cui investe. I costi associati includono commissioni di gestione, spese di carico all'acquisto e spese di gestione annuale.

Obiettivi del Fondo: I fondi comuni possono avere obiettivi diversi, come la crescita del capitale, il reddito corrente o una combinazione di entrambi. Gli investitori devono selezionare fondi che si allineano alle proprie esigenze finanziarie e agli obiettivi di investimento.

Profilo di Rischio: Il profilo di rischio di un fondo dipende dalla tipologia di asset in cui investe. Fondi azionari tendono ad essere più rischiosi rispetto a quelli obbligazionari, e la scelta dipende dalla tolleranza al rischio dell'investitore.

Gli investimenti in fondi comuni offrono un'opzione versatile e accessibile per gli investitori di diversi livelli di esperienza. La scelta del fondo giusto dipende dalle esigenze e dagli obiettivi individuali, richiedendo una valutazione attenta degli aspetti sopra menzionati e una comprensione approfondita delle caratteristiche specifiche di ciascun fondo.

9.2 I diversi tipi di fondi comuni di investimento

I fondi comuni di investimento sono disponibili in una vasta gamma di tipologie, ognuna progettata per soddisfare esigenze e obiettivi specifici degli investitori. Esplorare i diversi tipi di fondi comuni consente agli investitori di personalizzare la propria strategia in base alle preferenze e alle prospettive di rischio-rendimento desiderate. Di seguito, sono presentati alcuni dei principali tipi di fondi comuni di investimento:

Fondi Azionari: Questi fondi investono principalmente in azioni di società quotate in borsa. Possono concentrarsi su specifici settori, regioni geografiche o dimensioni di mercato. I fondi azionari offrono l'opportunità di partecipare alla crescita del capitale, ma possono essere più volatili rispetto ad altri tipi di fondi.

Fondi Obbligazionari: I fondi obbligazionari investono

principalmente in titoli di debito, come obbligazioni governative, obbligazioni societarie o obbligazioni municipali. Questi fondi mirano a generare reddito attraverso il pagamento degli interessi. Sono generalmente considerati meno rischiosi rispetto ai fondi azionari, ma il rendimento può essere più moderato.

Fondi Misti (Bilanciati o Ibridi): Questi fondi investono in una combinazione di azioni e obbligazioni. L'allocazione tra azioni e obbligazioni può variare a seconda degli obiettivi del fondo e delle condizioni di mercato. I fondi misti offrono un bilanciamento tra crescita del capitale e generazione di reddito.

Fondi del Mercato Monetario: Questi fondi investono in strumenti finanziari a breve termine, come certificati di deposito e titoli del tesoro a breve scadenza. Sono progettati per offrire stabilità e liquidità e sono spesso utilizzati come alternativa ai conti di risparmio.

Fondi Settoriali: Questi fondi concentrano i loro investimenti in un settore specifico dell'economia, come tecnologia, salute o energia. Sono progettati per consentire agli investitori di scommettere su specifici segmenti di mercato che ritengono promettenti.

Fondi Internazionali o Globali: Questi fondi investono in titoli di società straniere o in strumenti finanziari internazionali. Possono concentrarsi su una regione geografica specifica o offrire un'allocazione globale diversificata.

Fondi Pensione: Progettati per la pianificazione della pensione, questi fondi offrono una combinazione di azioni e obbligazioni per costruire un portafoglio a lungo termine mirato a generare reddito durante la pensione.

Fondi di Indici (ETF): Gli Exchange-Traded Fund (ETF) sono un tipo di fondo comune che replica l'andamento di un indice di mercato specifico. Sono negoziati in borsa come azioni e offrono diversificazione a basso costo.

Ogni tipo di fondo comune di investimento ha le proprie caratteristiche, rischi e potenziali rendimenti. La scelta del tipo di fondo dipende dagli obiettivi, dalla tolleranza al rischio e dalle preferenze dell'investitore. Diversificare il portafoglio attraverso una combinazione di fondi può contribuire a mitigare il rischio complessivo e ottimizzare il rendimento nel contesto degli obiettivi finanziari dell'investitore.

9.3 Come investire in fondi comuni di investimento

Investire in fondi comuni di investimento richiede una comprensione approfondita degli aspetti chiave coinvolti e una strategia ponderata per soddisfare gli obiettivi finanziari individuali. Di seguito sono fornite informazioni su come investire in fondi comuni:

Definizione degli Obiettivi Finanziari: Prima di investire, è essenziale stabilire chiaramente gli obiettivi finanziari. Determinare se l'obiettivo principale è la crescita del capitale, la generazione di reddito o una combinazione dei due. Questa definizione influenzerà la scelta del tipo di fondo.

Analisi del Profilo di Rischio: Valutare il proprio profilo di rischio è fondamentale. Gli investitori devono considerare la propria tolleranza al rischio e la capacità di sopportare eventuali fluttuazioni di valore nel loro portafoglio. Fondi azionari potrebbero essere più volatili rispetto a quelli obbligazionari, ad esempio.

Ricerca sui Fondi: Condurre una ricerca approfondita sui fondi disponibili è cruciale. Analizzare le performance passate, la strategia di investimento, i costi associati e la stabilità del team di gestione sono aspetti da considerare. Le agenzie di rating finanziario possono fornire ulteriori informazioni sulla qualità e sulla gestione dei fondi.

Diversificazione del Portafoglio: Utilizzare i fondi comuni come parte di una strategia di diversificazione del portafoglio. Selezionare fondi che coprono una varietà di asset e settori per ridurre il rischio complessivo del portafoglio.

Valutazione dei Costi: Considerare attentamente i costi associati all'investimento in fondi comuni. I costi possono includere commissioni di gestione annuale, spese di carico all'acquisto e eventuali altre commissioni. Un'analisi completa dei costi influisce direttamente sul rendimento netto dell'investitore.

Monitoraggio del Portafoglio: Una volta investiti nei fondi, è essenziale monitorare regolarmente il proprio portafoglio. Verificare se la composizione del fondo è in linea con gli obiettivi e il profilo di rischio desiderati. Periodicamente riesaminare la necessità di eventuali aggiustamenti.

Considerazione dell'Orizzonte Temporale: Determinare l'orizzonte temporale dell'investimento è cruciale. I fondi comuni di investimento sono generalmente più adatti per investimenti a medio e lungo termine. Gli investitori dovrebbero essere pronti a mantenere gli investimenti per un periodo sufficientemente lungo per consentire loro di raggiungere i propri obiettivi.

Consultazione con un Consulente Finanziario: Per investitori meno esperti o coloro che cercano una consulenza personalizzata, consultare un consulente finanziario può essere prezioso. Un consulente può aiutare a valutare le esigenze individuali e a sviluppare una strategia di investimento mirata.

Investire in fondi comuni di investimento può essere un modo efficace per costruire un portafoglio diversificato e gestito professionalmente. Tuttavia, una valutazione attenta e un'impostazione ponderata della strategia sono fondamentali per garantire che gli investimenti siano allineati con gli obiettivi finanziari personali.

10) INVESTIRE IN ETF (EXCHANGE-TRADED FUND)

Exchange-Traded Fund (ETF), un'innovativa forma di investimento che ha guadagnato notorietà per la sua flessibilità e accessibilità. Gli ETF rappresentano uno strumento finanziario negoziabile in borsa, che consente agli investitori di partecipare a una vasta gamma di asset, simile a un fondo comune di investimento, ma con caratteristiche distintive.

Gli ETF combinano elementi delle azioni e dei fondi comuni di investimento, offrendo agli investitori un modo efficiente per diversificare il loro portafoglio e negoziare su mercati finanziari globali. Questo capitolo esplora le caratteristiche fondamentali degli ETF, le loro potenzialità, e fornisce una guida su come investire in questo strumento finanziario in continua crescita.

Attraverso la negoziazione in borsa, la trasparenza della struttura e i bassi costi associati, gli ETF hanno guadagnato popolarità come opzione di investimento flessibile e conveniente. Dal tracking degli indici di mercato all'esposizione a settori specifici o classi di asset, gli ETF offrono agli investitori un'ampia gamma di opportunità di investimento. La comprensione delle dinamiche degli ETF, la selezione oculata e l'integrazione strategica in un portafoglio complessivo sono fondamentali per sfruttare appieno i vantaggi di questo strumento finanziario innovativo.

10.1 Che cos'è un ETF?

Un Exchange-Traded Fund (ETF), tradotto in italiano come "fondo negoziato in borsa", rappresenta una forma di investimento che combina le caratteristiche di un fondo comune di investimento e di un'azione. Questi strumenti finanziari sono progettati per tracciare l'andamento di un indice, di un settore specifico o di un paniere di asset sottostanti. Gli ETF sono negoziabili in borsa, consentendo agli investitori di acquistarli o venderli durante l'orario di negoziazione di mercato come se fossero azioni ordinarie.

Caratteristiche chiave degli ETF includono:

Struttura Aperta: Gli ETF sono strutture di investimento aperte, il che significa che il numero di quote può variare in base alla domanda e all'offerta di mercato. Questa flessibilità consente agli investitori di entrare o uscire facilmente dall'investimento.

Trasparenza: Gli ETF offrono un alto livello di trasparenza. Poiché molti ETF cercano di replicare l'andamento di un indice specifico, gli investitori conoscono in anticipo la composizione del portafoglio. Ciò facilita la comprensione di cosa detiene effettivamente l'ETF.

Liquidità: Grazie alla loro negoziabilità in borsa, gli ETF sono generalmente molto liquidi. Gli investitori possono acquistare o vendere quote in qualsiasi momento durante l'orario di negoziazione, assicurando un accesso immediato al mercato.

Diversificazione: Gli ETF offrono diversificazione automatica poiché seguono un indice o un paniere di asset. Ciò consente agli investitori di accedere a una varietà di titoli attraverso un singolo strumento, riducendo il rischio associato a un singolo investimento.

Commissioni Basse: In genere, gli ETF hanno commissioni di gestione più basse rispetto ai fondi comuni di investimento tradizionali. Questo aspetto li rende attraenti per gli investitori che cercano di massimizzare il rendimento netto del loro investimento.

Flessibilità Tattica: Gli investitori possono utilizzare gli ETF per implementare strategie di investimento tattiche, come coperture (hedging), allocazione settoriale o esposizione a mercati specifici, senza la necessità di acquistare singoli titoli.

Varietà di Asset: Gli ETF coprono una vasta gamma di asset, inclusi azioni, obbligazioni, materie prime, settori specifici e aree geografiche. Ciò consente agli investitori di costruire portafogli diversificati in base alle loro esigenze e obiettivi.

Tassazione Efficiente: Gli ETF spesso godono di una struttura fiscale più efficiente rispetto ai fondi comuni di investimento, grazie al meccanismo di in-kind creation e redemption, che riduce gli eventi di distribuzione tassabile.

Investire in ETF offre agli investitori un'ampia gamma di opportunità di investimento, con la possibilità di costruire portafogli efficienti e diversificati. Tuttavia, è essenziale comprendere appieno la struttura degli ETF, i rischi associati e come integrarli strategicamente in un piano di investimento complessivo.

10.2 I vantaggi degli ETF

Gli Exchange-Traded Fund (ETF) offrono una serie di vantaggi che li rendono attraenti per gli investitori di diverse esperienze e obiettivi finanziari. Questi vantaggi contribuiscono alla crescente popolarità degli ETF nel panorama degli investimenti. Di seguito sono alcuni dei principali vantaggi degli ETF:

Diversificazione: Gli ETF offrono agli investitori un accesso semplice e conveniente a una vasta gamma di titoli o asset sottostanti. Questa diversificazione automatica riduce il rischio associato a un singolo investimento, contribuendo a stabilizzare il portafoglio complessivo.

Liquidità: Gli ETF sono negoziati in borsa come azioni, consentendo agli investitori di comprarli o venderli in qualsiasi momento durante l'orario di negoziazione. Questa liquidità immediata è particolarmente vantaggiosa per gli investitori che cercano flessibilità nell'esecuzione delle loro strategie.

Commissioni Basse: Gli ETF tendono ad avere commissioni di gestione più basse rispetto a molti fondi comuni di investimento tradizionali. Questo aspetto è attraente per gli investitori che cercano di minimizzare i costi e massimizzare il rendimento netto del proprio investimento.

Trasparenza: Gli investitori conoscono in anticipo la composizione degli ETF poiché seguono un indice o un paniere di asset. Questa trasparenza consente agli investitori di valutare facilmente se l'ETF si allinea con i loro obiettivi e le loro aspettative di rischio.

Accesso a Mercati Globali: Gli ETF offrono l'opportunità di investire in una vasta gamma di mercati globali, inclusi settori specifici e classi di asset che potrebbero essere difficili da raggiungere attraverso altri strumenti.

Facilità d'Uso: Gli ETF sono facili da acquistare e vendere tramite piattaforme di trading online. Questa facilità d'uso li rende accessibili anche per gli investitori meno esperti.

Potenziale di Rendimento: Gli ETF offrono l'opportunità di beneficiare delle fluttuazioni dei mercati finanziari e di ottenere un rendimento che riflette l'andamento dell'indice o dell'asset sottostante.

Strumenti Tattici e Strategici: Gli investitori possono utilizzare gli ETF in modo tattico per implementare rapidamente varie strategie di investimento, come l'esposizione a settori specifici, la copertura (hedging) o l'allocazione di asset in base alle condizioni di mercato.

Struttura Fiscale Efficiente: Grazie alla struttura di creazione e rimborso in natura, gli ETF spesso godono di una maggiore efficienza fiscale rispetto ad altri veicoli di investimento, riducendo gli eventi di distribuzione tassabile.

Varietà di Opzioni: Gli ETF coprono una vasta gamma di asset, dai mercati azionari alle obbligazioni, dalle materie prime ai settori specifici. Ciò consente agli investitori di selezionare ETF che si adattano alle loro esigenze e alle loro prospettive di mercato.

Complessivamente, gli ETF sono diventati una componente chiave per molti investitori grazie alla loro versatilità, liquidità e costi competitivi. Tuttavia, è sempre consigliabile valutare attentamente le specifiche degli ETF, compresi gli indici seguiti, le commissioni e la struttura del fondo, prima di integrarli nel proprio portafoglio.

10.3 Come investire in ETF

Investire in Exchange-Traded Fund (ETF) richiede una comprensione approfondita dei processi di selezione, acquisto e gestione. Ecco una guida su come investire in ETF:

Ricerca e Selezione: Inizia con una ricerca approfondita degli ETF disponibili. Esplora gli indici o i settori che desideri seguire e valuta gli ETF disponibili che rispecchiano tali obiettivi. Puoi utilizzare siti web finanziari, rapporti di analisti e strumenti di screening per identificare gli ETF più adatti alle tue esigenze.

Comprendi l'Indice di Riferimento: Ogni ETF segue un indice di riferimento specifico. Comprendere l'indice è fondamentale per valutare le potenziali performance e la composizione dell'ETF nel tempo. Verifica se l'indice rappresenta accuratamente la parte di mercato che desideri includere nel tuo portafoglio.

Analizza le Commissioni: Considera attentamente le commissioni associate all'ETF. Queste possono includere commissioni di gestione annuale, commissioni di transazione e spese di gestione. Cerca di bilanciare il rendimento potenziale con i costi per massimizzare il rendimento netto.

Valuta la Liquidità: La liquidità è un aspetto critico quando si investe in ETF. ETF con elevata liquidità avranno spread di offerta e domanda più stretti, riducendo i costi di transazione. Assicurati che l'ETF che stai considerando sia negoziato attivamente sul mercato.

Esamina il Tracking Error: Il tracking error rappresenta la differenza tra le performance dell'ETF e quelle dell'indice di riferimento. Un basso tracking error indica una stretta correlazione. Controlla periodicamente il tracking error per assicurarti che l'ETF mantenga un'aderenza accurata all'andamento dell'indice.

Controlla la Struttura Fiscale: Gli ETF spesso offrono vantaggi fiscali grazie al meccanismo di creazione e rimborso in natura. Tuttavia, è importante comprendere le implicazioni fiscali specifiche dell'ETF in cui stai investendo.

Decidi sulla Dimensione dell'Investimento: Determina la dimensione dell'investimento in base ai tuoi obiettivi finanziari complessivi e alla tua tolleranza al rischio. Puoi iniziare con importi più piccoli e aumentare gradualmente la tua esposizione a seconda delle tue esigenze e della crescita del portafoglio.

Utilizza Ordini Avanzati: Quando esegui ordini per ETF, puoi utilizzare tipi di ordine avanzati come limit e stop limit per gestire i prezzi di acquisto o vendita in modo più preciso. Questi ordini possono aiutarti a ottimizzare l'entrata e l'uscita dal mercato.

Monitora il Tuo Portafoglio: Una volta investito in ETF, monitora regolarmente il tuo portafoglio. Assicurati che gli ETF continuino a rispecchiare i tuoi obiettivi e aderiscano alla tua strategia di investimento nel contesto delle condizioni di mercato mutevoli.

Considera la Consulenza Finanziaria: Per gli investitori meno esperti o coloro che cercano consulenza personalizzata, consultare un consulente finanziario può fornire ulteriore assistenza nella selezione degli ETF e nell'ottimizzazione del portafoglio in base alle tue esigenze finanziarie.

Investire in ETF offre flessibilità, diversificazione e accesso a una vasta gamma di asset. Tuttavia, come con qualsiasi forma di investimento, è fondamentale condurre una ricerca approfondita e avere una strategia ponderata per massimizzare i benefici e ridurre i rischi potenziali.

11) INVESTIRE IN IMMOBILI

Il Capitolo 11 esplora la dimensione degli investimenti immobiliari, una componente significativa delle strategie finanziarie di molti investitori. Investire in immobili offre una diversificazione unica e la possibilità di ottenere rendimenti attraverso affitti e apprezzamento del valore degli immobili. Questo capitolo fornisce un'ampia panoramica delle diverse forme di investimenti immobiliari, i rischi associati e le considerazioni chiave per chi desidera partecipare al mercato immobiliare.

L'immobiliare è una classe di attività tangibile che comprende residenze, edifici commerciali, terreni e altre proprietà. Gli investimenti immobiliari possono essere considerati sia a breve termine, attraverso la compravendita di proprietà per ottenere profitti rapidi, sia a lungo termine, con un focus sull'accumulo di proprietà per la generazione di reddito continuo nel tempo.

Gli investimenti immobiliari possono assumere varie forme, tra cui l'acquisto diretto di proprietà, la partecipazione a fondi immobiliari, l'investimento in progetti di sviluppo, o l'utilizzo di veicoli come Real Estate Investment Trusts (REIT). Ciascuna opzione ha le sue caratteristiche uniche e richiede una comprensione approfondita dei mercati immobiliari, della gestione patrimoniale e dei fattori economici che influenzano questo settore.

Nel corso di questo capitolo, esploreremo le diverse strategie di investimento immobiliare, i modelli di valutazione, i vantaggi e i rischi associati a questa classe di attività. Saranno presentati anche aspetti pratici, come la gestione degli affitti, la manutenzione delle proprietà e le considerazioni fiscali legate agli investimenti immobiliari.

In un contesto in cui la diversificazione del portafoglio è cruciale, l'investimento immobiliare offre agli investitori l'opportunità di integrare asset tangibili con potenziali rendimenti e flussi di cassa stabili. Tuttavia, è fondamentale comprendere le dinamiche del mercato immobiliare, le condizioni economiche locali e nazionali e sviluppare una strategia solida per massimizzare i benefici di questo tipo di investimento.

11.1 Che cos'è un investimento immobiliare?

Un investimento immobiliare rappresenta l'acquisto di proprietà con l'obiettivo di ottenere rendimenti finanziari attraverso diverse strategie. Questo tipo di investimento può assumere varie forme, tra cui l'acquisto di residenze, edifici commerciali, terreni o la partecipazione a veicoli di investimento immobiliare come fondi immobiliari o Real Estate Investment Trusts (REIT).

Caratteristiche chiave dell'investimento immobiliare:

Rendimento attraverso l'Affitto: Gli investitori immobiliari spesso cercano di generare reddito attraverso l'affitto delle proprietà. Affittare residenze o spazi commerciali fornisce flussi di cassa regolari.

Apprezzamento del Valore: Oltre agli affitti, gli investitori mirano all'apprezzamento del valore delle proprietà nel tempo. L'obiettivo è acquistare proprietà a un prezzo inferiore al loro valore futuro previsto.

Diversificazione del Portafoglio: Gli investimenti immobiliari offrono una forma di diversificazione poiché non sono sempre correlati alle dinamiche dei mercati finanziari tradizionali come azioni e obbligazioni.

Tipi di Investimento: Gli investimenti immobiliari possono essere residenziali o commerciali. La residenza coinvolge spesso l'affitto di case o appartamenti, mentre gli investimenti commerciali riguardano immobili utilizzati per attività aziendali.

Flessibilità delle Strategie: Gli investitori possono adottare diverse strategie, come l'acquisto di proprietà per affitto a lungo termine, lo sviluppo di progetti immobiliari, la partecipazione a fondi immobiliari o l'investimento in REIT.

Rischi e Complessità: Gli investimenti immobiliari portano con sé rischi e complessità, inclusi i costi di manutenzione, i flussi di cassa variabili, la sensibilità alle condizioni del mercato immobiliare e le sfide legate alla gestione degli affitti.

Gestione e Manutenzione: La gestione delle proprietà richiede attenzione alla manutenzione, agli affitti e alle questioni legali. Alcuni investitori preferiscono gestire direttamente le loro proprietà, mentre altri delegano a gestori immobiliari professionali.

Ciclicità del Mercato Immobiliare: Il valore degli investimenti immobiliari può essere influenzato da cicli economici, fluttuazioni di interesse e cambiamenti nella domanda del mercato immobiliare.

Leva Finanziaria: Gli investitori immobiliari spesso utilizzano la leva finanziaria, cioè l'uso di prestiti, per amplificare il loro potenziale rendimento. Tuttavia, la leva finanziaria aumenta anche i rischi.

Fattori Locali e Globali: Le condizioni economiche, demografiche e geografiche influenzano gli investimenti immobiliari. La conoscenza del contesto locale e globale è fondamentale per prendere decisioni informate.

Gli investimenti immobiliari sono un'opzione attraente per diversificare il portafoglio e ottenere rendimenti a lungo termine. Tuttavia, è essenziale condurre una ricerca accurata, comprendere i rischi associati e sviluppare una strategia di investimento in linea con gli obiettivi finanziari personali.

11.2 I diversi tipi di investimenti immobiliari

Gli investimenti immobiliari possono manifestarsi in diverse forme, ciascuna con caratteristiche specifiche che attraggono investitori con obiettivi e strategie differenti. Ecco un'analisi dei principali tipi di investimenti immobiliari:

Residenziale: Gli investimenti in proprietà residenziali coinvolgono l'acquisto di case, appartamenti o altri tipi di abitazioni. Gli investitori possono generare reddito attraverso l'affitto a lungo termine a inquilini privati.

Commerciale: Questo tipo di investimento coinvolge proprietà utilizzate per attività commerciali, come uffici, negozi al dettaglio o centri commerciali. Gli affitti da parte di aziende e società costituiscono una fonte di reddito per gli investitori commerciali.

Industriali: Gli investimenti industriali riguardano immobili utilizzati per scopi industriali o logistici, come magazzini, fabbriche o strutture di produzione. Queste proprietà possono essere affittate a società coinvolte nell'industria e nella logistica.

Multifamiliari: Questa categoria comprende edifici con più unità abitative, come complessi di appartamenti. Gli investitori possono generare flussi di cassa da affitti multipli all'interno dello stesso edificio.

Investimenti in Progetti di Sviluppo: Gli investitori possono partecipare a progetti di sviluppo immobiliare, come la costruzione di nuove residenze o complessi commerciali. Questo tipo di investimento comporta spesso un maggiore rischio e richiede una gestione attenta del processo di sviluppo.

Real Estate Investment Trusts (REIT): I REIT sono veicoli di investimento che detengono e gestiscono un portafoglio diversificato di proprietà immobiliari. Gli investitori possono acquistare quote di REIT, ottenendo così una partecipazione indiretta al mercato immobiliare senza dover gestire direttamente le proprietà.

Investimenti Internazionali: Gli investitori possono ampliare il loro portafoglio immobiliare investendo in proprietà all'estero. Questo tipo di investimento richiede una comprensione approfondita delle dinamiche del mercato immobiliare in diverse regioni e paesi.

Airbnb e Affitti a Breve Termine: Alcuni investitori scelgono di affittare proprietà attraverso piattaforme come Airbnb per ottenere reddito da affitti a breve termine. Questo approccio richiede una gestione più attiva, ma può offrire rendimenti più elevati in determinate circostanze.

Crowdfunding Immobiliare: Questa forma emergente di investimento consente agli investitori di contribuire finanziariamente a progetti immobiliari attraverso piattaforme online. I rendimenti sono spesso generati attraverso affitti o la vendita delle proprietà completate.

Ogni tipo di investimento immobiliare ha vantaggi e rischi unici, e la scelta dipende dagli obiettivi, dalla tolleranza al rischio e dalla strategia di investimento di ciascun individuo. La diversificazione all'interno del mercato immobiliare può essere una componente preziosa di un portafoglio finanziario globale.

11.3 Come investire in immobili

Investire in immobili richiede una strategia ponderata e una comprensione approfondita del mercato immobiliare. Ecco una guida su come intraprendere con successo l'investimento immobiliare:

Definizione degli Obiettivi: Prima di iniziare, è essenziale stabilire chiari obiettivi finanziari. Gli investimenti immobiliari possono essere mirati a generare reddito passivo, ottenere apprezzamento del valore, o entrambi. La chiarezza degli obiettivi orienterà le decisioni di investimento.

Analisi del Mercato: Condurre un'approfondita analisi di mercato è fondamentale. Esamina la domanda e l'offerta nel luogo di interesse, valuta le tendenze dei prezzi nel tempo e comprendi gli indicatori economici locali. Un'analisi accurata può rivelare opportunità e rischi specifici al mercato considerato.

Scelta della Località: La località è cruciale per il successo degli investimenti immobiliari. Valuta la vicinanza a servizi chiave, infrastrutture, trasporti e prospettive di sviluppo futuro. Una buona posizione può contribuire all'apprezzamento del valore e facilitare la gestione della proprietà.

Tipo di Proprietà: Scegli il tipo di proprietà in base agli obiettivi e alla tua strategia di investimento. Le case residenziali, gli immobili commerciali, o le proprietà industriali possono comportare diverse dinamiche di mercato e richiedere approcci di gestione diversi.

Finanziamento: Valuta le opzioni di finanziamento disponibili. Molti investitori immobiliari utilizzano prestiti ipotecari per acquisire proprietà. La leva finanziaria può amplificare i rendimenti, ma comporta anche rischi, specialmente in periodi di instabilità economica.

Budget e Margine di Sicurezza: Stabilisci un budget accurato considerando il prezzo di acquisto, le spese di manutenzione, le tasse e altri costi associati alla proprietà. Incorpora un margine di sicurezza per gestire imprevisti e fluttuazioni di mercato.

Gestione Immobiliare: Decide se gestire direttamente la proprietà o affidare la gestione a professionisti. La gestione immobiliare richiede attenzione a questioni come manutenzione, affitti, e risoluzione di dispute con gli inquilini.

Diversificazione: Considera la diversificazione del tuo portafoglio immobiliare. Avere una varietà di proprietà può ridurre il rischio complessivo del portafoglio e fornire rendimenti più stabili nel tempo.

Ricerca Legale e Fiscale: Consulta professionisti legali e fiscali specializzati in immobili per comprendere gli aspetti normativi e fiscali specifici del luogo in cui stai investendo. Questo è cruciale per evitare problemi legali e massimizzare i benefici fiscali.

Monitoraggio del Mercato: Una volta che hai investito, monitora attentamente il mercato e le condizioni della proprietà. Adatta la tua strategia in base all'evoluzione delle dinamiche del mercato e alle tue esigenze finanziarie.

Investire in immobili offre opportunità significative, ma è importante essere consapevoli dei rischi e delle complessità associate. Una pianificazione accurata, la ricerca diligente e la gestione oculata sono chiavi per un investimento immobiliare di successo.

12) STRATEGIE DI RISPARMIO FISCALE

Il Capitolo 12 esplora il cruciale mondo delle strategie di risparmio fiscale, un aspetto fondamentale della gestione finanziaria personale e degli investimenti. Le strategie di risparmio fiscale mirano a ottimizzare la posizione fiscale di un individuo, riducendo l'impatto delle tasse sul reddito e sugli investimenti. Questo capitolo offre una panoramica completa delle diverse strategie disponibili, focalizzandosi su come i contribuenti possono massimizzare i benefici fiscali in conformità con le leggi vigenti.

Il risparmio fiscale è un elemento essenziale della pianificazione finanziaria, consentendo agli individui di mantenere una parte significativa del loro reddito e dei rendimenti degli investimenti. Le strategie spaziano dalla gestione delle deduzioni fiscali e crediti d'imposta all'ottimizzazione della struttura degli investimenti per minimizzare l'imposizione fiscale. Conoscere le leggi fiscali, sfruttare le opportunità offerte e adottare approcci intelligenti alla pianificazione fiscale sono elementi chiave per preservare il capitale e migliorare la sicurezza finanziaria a lungo termine.

Durante questo capitolo, esamineremo le principali strategie di risparmio fiscale, inclusa la gestione delle detrazioni, l'utilizzo di conti fiscali agevolati, l'ottimizzazione delle plusvalenze e la pianificazione delle eredità. Verranno esplorati anche i cambiamenti normativi recenti e le tendenze che possono influenzare le decisioni di risparmio fiscale. La consapevolezza di queste strategie è fondamentale per garantire una gestione finanziaria efficiente e massimizzare la creazione di ricchezza a lungo termine.

Sarà cruciale sottolineare l'importanza di consultare professionisti fiscali qualificati per adattare le strategie alle esigenze individuali e garantire la conformità alle leggi locali. Con una pianificazione fiscale oculata, gli individui possono non solo risparmiare sulle tasse correnti ma anche creare una base solida per il futuro, migliorando la sicurezza finanziaria personale e familiare.

12.1 Che cos'è il risparmio fiscale?

Il risparmio fiscale è un concetto chiave nella gestione finanziaria che mira a ridurre l'impatto delle imposte sul reddito e sugli investimenti attraverso strategie e pratiche mirate. Queste strategie sono progettate per massimizzare le detrazioni fiscali, sfruttare crediti d'imposta e ottimizzare la struttura del patrimonio per ridurre l'imposizione fiscale complessiva. Il risparmio fiscale non solo consente agli individui di mantenere una parte maggiore del proprio reddito, ma può anche contribuire alla creazione di ricchezza a lungo termine.

Principali aspetti del risparmio fiscale:

Deduzioni Fiscali: Le deduzioni fiscali riducono il reddito imponibile, riducendo così l'ammontare su cui si pagano le tasse. Esse possono includere spese mediche, interessi ipotecari, contributi a fondi pensione e altre voci specifiche.

Crediti d'Imposta: I crediti d'imposta riducono direttamente l'importo delle tasse dovute. Crediti come quelli per l'istruzione, l'energia rinnovabile o le cure dipendenti possono contribuire significativamente al risparmio fiscale.

Conti Fiscali Agevolati: L'uso di conti specifici, come i conti pensione (IRA), i conti di risparmio sanitario (HSA) e i conti di risparmio per l'istruzione (ESA), offre vantaggi fiscali. Contributi a questi conti possono essere dedotti o esentati da tasse, e i rendimenti possono crescere in modo differito dalle imposte.

Pianificazione delle Plusvalenze: Ottimizzare la pianificazione delle plusvalenze può ridurre le tasse sulle vendite di asset come azioni e proprietà immobiliari. Tenere conto dei tempi e delle modalità delle vendite può influenzare notevolmente l'imposta sulle plusvalenze.

Strategie di Reddito: Distribuire saggiamente le fonti di reddito può influenzare l'aliquota fiscale applicata. Ad esempio, la diversificazione tra reddito ordinario e plusvalenze a lungo termine può offrire vantaggi fiscali.

Pianificazione Successoria: La pianificazione successoria può ridurre l'imposta sulle eredità e donazioni, proteggendo il patrimonio familiare per le generazioni future.

Conformità Normativa: Stare al passo con le leggi fiscali vigenti è essenziale per evitare sanzioni e sfruttare le nuove opportunità di risparmio fiscale che possono emergere.

La pianificazione fiscale dovrebbe essere personalizzata in base alle circostanze individuali, e la consulenza di esperti fiscali è spesso cruciale per massimizzare i vantaggi. Il risparmio fiscale non riguarda solo la minimizzazione delle tasse correnti, ma anche la creazione di una strategia finanziaria a lungo termine che preservi il capitale e ottimizzi la creazione di ricchezza.

12.2 Le diverse strategie di risparmio fiscale

Le strategie di risparmio fiscale offrono un ventaglio di approcci volti a ridurre l'impatto delle tasse sul reddito e sugli investimenti. Esaminiamo alcune delle principali strategie utilizzate per massimizzare il risparmio fiscale:

Deduzioni fiscali dettagliate: Questa strategia coinvolge l'identificazione e la registrazione di spese deducibili, come interessi ipotecari, tasse sulle proprietà, spese mediche, e donazioni. La dettagliata registrazione di queste spese può ridurre il reddito imponibile.

Utilizzo di conti pensione: Contribuire a conti pensione qualificati, come un 401(k) o un IRA, può fornire deduzioni fiscali immediate. Inoltre, i rendimenti guadagnati in questi conti crescono in modo differito dalle imposte fino al momento del ritiro.

Crediti d'imposta per l'istruzione: Gli investimenti nell'istruzione possono essere premiati con crediti d'imposta significativi, come il credito d'imposta per l'American Opportunity Credit o il Lifetime Learning Credit, offrendo un sostegno finanziario per l'istruzione superiore.

Conti di risparmio per la salute (HSA): Contribuire a un HSA offre deduzioni fiscali e, se i fondi vengono utilizzati per spese mediche qualificate, i prelievi sono esenti da tasse.

Strategie di investimento attente alle imposte: Ottimizzare la composizione del portafoglio per ridurre le conseguenze fiscali delle plusvalenze è essenziale. Ad esempio, investire in titoli a lungo termine può beneficiare di aliquote fiscali inferiori.

Utilizzo di Trust e Pianificazione Immobiliare: Per gli individui con patrimoni significativi, la corretta strutturazione di trust e la pianificazione successoria possono ridurre le tasse sulle eredità.

Pianificazione delle Plusvalenze: Accertarsi di tenere conto delle regole sulle plusvalenze può contribuire a ridurre l'impatto fiscale sulle vendite di asset. Ad esempio, trattenere un investimento per oltre un anno può qualificarlo per una tassazione a aliquote inferiori.

Utilizzo delle Deduzioni Aziendali: Per i proprietari di piccole imprese, sfruttare deduzioni aziendali adeguate può ridurre il reddito imponibile.

Monitoraggio e Adattamento: La pianificazione fiscale dovrebbe essere dinamica e adattata alle variazioni delle leggi fiscali e alle situazioni personali. Periodici adattamenti assicurano che le strategie siano sempre ottimali.

Pianificazione del Ritiro: Creare una strategia di ritiro che minimizzi l'imposizione fiscale durante la pensione è essenziale. Ciò può coinvolgere la diversificazione delle fonti di reddito e la pianificazione per il ritiro graduale di fondi da conti tassabili.

È importante sottolineare che le strategie di risparmio fiscale devono essere adattate alle circostanze individuali e alle leggi fiscali vigenti. La consulenza di un professionista fiscale qualificato può essere cruciale per massimizzare i vantaggi fiscali e garantire la conformità normativa.

12.3 Come scegliere la strategia di risparmio fiscale più adatta

La scelta della strategia di risparmio fiscale più adatta dipende da una serie di fattori personali e finanziari. Considerando la complessità del sistema fiscale e le diverse situazioni individuali, ecco alcuni passi per guidare la selezione della strategia di risparmio fiscale più appropriata:

Analisi della Situazione Personale: Valutare la propria situazione finanziaria, compresi il reddito, le spese, gli investimenti e gli obblighi fiscali. Questa analisi fornisce una base per identificare le aree in cui è possibile applicare strategie di risparmio fiscale.

Definizione degli Obiettivi Finanziari: Chiarezza sugli obiettivi finanziari a breve e lungo termine è cruciale. Le strategie di risparmio fiscale dovrebbero allinearsi con questi obiettivi, che possono includere l'acquisto di una casa, la pensione, l'istruzione dei figli o la creazione di un fondo di emergenza.

Comprensione delle Leggi Fiscali Vigenti: Le leggi fiscali cambiano nel tempo, pertanto è essenziale rimanere informati sulle normative attuali. Familiarizzarsi con le detrazioni, i crediti d'imposta e altre opportunità fiscali specifiche del momento può guidare la scelta delle strategie più efficaci.

Consulenza Professionale: La consulenza di un professionista fiscale qualificato è fondamentale. Un esperto può valutare la situazione finanziaria personale, identificare le migliori strategie di risparmio fiscale e garantire la conformità alle leggi fiscali vigenti.

Considerazione della Tolleranza al Rischio: Alcune strategie di risparmio fiscale possono comportare rischi o limitazioni. Valutare la propria tolleranza al rischio è importante per determinare quali strategie sono più adatte al proprio profilo finanziario.

Pianificazione a Lungo Termine: Le strategie di risparmio fiscale dovrebbero essere integrate in una pianificazione finanziaria a lungo termine. Ciò include la gestione degli investimenti, la pianificazione per la pensione e la creazione di un patrimonio sostenibile nel tempo.

Esplorare Diverse Opzioni: Non esiste una strategia di risparmio fiscale universale. Esplorare diverse opzioni, come la pianificazione delle plusvalenze, l'utilizzo di conti fiscali agevolati e la gestione delle detrazioni, può portare a un approccio più completo e personalizzato.

Adattabilità e Revisione Periodica: Le strategie di risparmio fiscale devono essere adattabili alle evoluzioni della situazione personale e delle leggi fiscali. Una revisione periodica delle strategie garantisce che siano sempre ottimali e aggiornate.

La scelta della strategia di risparmio fiscale più adatta richiede un approccio ponderato e personalizzato. L'obiettivo è massimizzare i vantaggi fiscali nel contesto di una pianificazione finanziaria oculata e sostenibile nel tempo.

13) GESTIONE ATTIVA VS PASSIVA

Il Capitolo 13 esplora il dibattito tra la gestione attiva e quella passiva, fondamentale per gli investitori che cercano di ottimizzare il rendimento del loro portafoglio. La scelta tra gestione attiva e passiva rappresenta una decisione cruciale che influenza come vengono selezionati e gestiti gli investimenti. Questo capitolo offre una panoramica dettagliata di entrambe le approcci, esplorando i loro principi, vantaggi e svantaggi, per consentire agli investitori di prendere decisioni informate in base alle proprie esigenze e obiettivi finanziari.

La gestione attiva coinvolge la ricerca e la selezione continua degli investimenti da parte di un gestore di fondi con l'obiettivo di superare il mercato e generare rendimenti superiori. Dall'altro lato, la gestione passiva implica il mantenimento di un portafoglio che replichi un indice di mercato specifico, senza tentare di superarlo.

Durante il percorso di questo capitolo, esamineremo le motivazioni dietro la scelta di uno stile di gestione rispetto all'altro, considerando fattori come costi, rendimenti attesi, rischio e obiettivi finanziari personali. Saranno esaminati anche gli strumenti comuni utilizzati in entrambi gli approcci, come fondi comuni di investimento attivi e passivi, ETF (Exchange-Traded Fund) e strategie di selezione del portafoglio.

La comprensione delle dinamiche tra gestione attiva e passiva è essenziale per gli investitori, poiché influisce sulla redditività, sulla diversificazione del portafoglio e sulla gestione dei rischi. Mentre la gestione attiva può offrire opportunità di superare il mercato, la gestione passiva offre spesso una soluzione più a basso costo e con una gestione semplificata.

Questo capitolo si propone di fornire una base solida per la presa di decisioni informate, aiutando gli investitori a comprendere meglio quale approccio si adatta meglio al loro profilo di rischio, obiettivi finanziari e preferenze personali. La gestione attiva vs. passiva rappresenta una scelta chiave che può plasmare la strategia di investimento di un individuo, e la consapevolezza delle dinamiche coinvolte è fondamentale per costruire un portafoglio di successo.

13.1 Che cos'è la gestione attiva?

La gestione attiva è un approccio agli investimenti che implica un coinvolgimento attivo di un gestore di fondi o di un team di gestione nell'analisi, selezione e gestione continua dei titoli all'interno del portafoglio. L'obiettivo della gestione attiva è superare il rendimento di un indice di riferimento o del mercato nel suo complesso, sfruttando le opportunità di mercato e apportando decisioni tattiche sulla composizione del portafoglio.

Principali caratteristiche della gestione attiva:

Analisi di Mercato: I gestori attivi conducono analisi dettagliate del mercato finanziario per identificare opportunità di investimento. Questa analisi può includere la valutazione di bilanci aziendali, dati economici, condizioni di settore e altre variabili.

Selezione Attiva di Titoli: Gli investimenti vengono selezionati in base alle previsioni e alle valutazioni del gestore, che cerca di individuare titoli con rendimenti superiori o un potenziale di crescita più elevato rispetto al mercato di riferimento.

Adattamento Continuo del Portafoglio: I gestori attivi possono regolarmente adattare il portafoglio in risposta a cambiamenti di mercato, notizie economiche e altre variabili. Questo adattamento mira a sfruttare le opportunità e a ridurre i rischi.

Strategie Tattiche: La gestione attiva può impiegare strategie tattiche, come la rotazione settoriale o la gestione del timing di mercato, per massimizzare i rendimenti in determinati contesti di mercato.

Obiettivo di Superare il Mercato: A differenza della gestione passiva, dove l'obiettivo è replicare un indice di riferimento, la gestione attiva mira a superare il mercato nel suo complesso.

Vantaggi della gestione attiva:

Potenziale di Rendimento Superiore: Quando gestita con successo, la gestione attiva può offrire rendimenti superiori al mercato di riferimento.

Adattabilità alle Opportunità di Mercato: I gestori attivi possono adattare il portafoglio per sfruttare le opportunità di mercato emergenti.

Sfide della gestione attiva:

Costi Elevati: La gestione attiva spesso comporta costi più elevati, inclusi i compensi del gestore e le spese di transazione.

Risultati Variabili: Il successo della gestione attiva può variare nel tempo, e non tutti i gestori riescono a superare costantemente il mercato.

La scelta tra gestione attiva e passiva dipende dalle preferenze dell'investitore, dal profilo di rischio e dagli obiettivi finanziari. Gli investitori attenti alla gestione attiva cercano di beneficiare delle competenze di gestione di professionisti esperti, con consapevolezza degli eventuali costi associati e della variabilità dei risultati.

13.2 Che cos'è la gestione passiva?

La gestione passiva rappresenta un approccio agli investimenti in cui il portafoglio viene costruito per replicare un indice di mercato specifico, senza un coinvolgimento attivo nella selezione individuale dei titoli. L'obiettivo principale della gestione passiva è tracciare il rendimento di un indice di riferimento, piuttosto che cercare di superarlo. Questo approccio si basa sull'idea che i mercati sono efficienti e che, nel lungo periodo, la semplice replicazione di un indice può offrire rendimenti competitivi con una gestione meno intensiva.

Caratteristiche principali della gestione passiva:

Replicazione dell'Indice: La gestione passiva mira a mantenere un portafoglio che rifletta fedelmente la composizione di un indice specifico, come l'S&P 500 o il FTSE 100.

Bassi Costi: Gli investimenti passivi tendono ad avere costi più bassi rispetto alla gestione attiva, poiché non richiedono la stessa attività di selezione e gestione di titoli individuali.

Minima Intervento Umano: A differenza della gestione attiva, la gestione passiva richiede un intervento umano minimo. Gli investimenti vengono selezionati automaticamente in base ai criteri dell'indice di riferimento.

Obiettivo di Uguagliare il Rendimento dell'Indice: Il principale obiettivo è mantenere un rendimento che si avvicini il più possibile a quello dell'indice di riferimento.

Strumenti Comuni: Gli strumenti comuni utilizzati per la gestione passiva includono ETF (Exchange-Traded Fund) e fondi indicizzati.

Vantaggi della gestione passiva:

Bassi Costi: I costi di gestione più bassi possono aumentare il rendimento netto dell'investitore nel lungo periodo.

Diversificazione Efficiente: Gli investimenti passivi offrono una diversificazione efficiente attraverso l'esposizione a un ampio indice di mercato.

Trasparenza e Semplicità: Gli investitori possono facilmente identificare gli investimenti sottostanti e comprendere la strategia di gestione passiva.

Sfide della gestione passiva:

Potenziale per Rendimento Inferiore in Mercati Selettivi: In situazioni di mercato in cui alcuni titoli superano significativamente il rendimento medio dell'indice, la gestione passiva potrebbe non beneficiare di tali opportunità.

Nessuna Strategia Attiva di Riduzione del Rischio: Gli investimenti passivi seguono l'andamento del mercato, senza attivamente ridurre l'esposizione ai titoli a rischio.

La gestione passiva è diventata sempre più popolare negli ultimi anni, soprattutto con l'avvento degli ETF, poiché offre un approccio semplice, economico e diversificato agli investimenti. La scelta tra gestione attiva e passiva dipende dalle preferenze dell'investitore, dagli obiettivi finanziari e dalla prospettiva personale sulla redditività del mercato.

13.3 Quale tipo di gestione scegliere

La decisione tra gestione attiva e passiva è una delle scelte fondamentali che gli investitori devono affrontare. Entrambi gli approcci hanno vantaggi e svantaggi, e la scelta dipende dalle preferenze individuali, dall'orizzonte temporale degli investimenti e dagli obiettivi finanziari. Ecco alcuni fattori da considerare nella valutazione del tipo di gestione più adatto:

Obiettivi e Pianificazione Finanziaria: Gli investitori dovrebbero considerare attentamente i propri obiettivi finanziari. Se l'obiettivo è superare il mercato nel lungo periodo e si è disposti a dedicare tempo all'analisi e alla gestione del portafoglio, la gestione attiva potrebbe essere una scelta appropriata. Se, d'altro canto, si mira a ottenere rendimenti simili a quelli del mercato con costi più bassi e meno coinvolgimento attivo, la gestione passiva può essere preferibile.

Profilo di Rischio: La tolleranza al rischio di un investitore gioca un ruolo cruciale nella scelta tra gestione attiva e passiva. La gestione attiva, con la sua ricerca di opportunità di mercato, può comportare un maggiore grado di rischio e volatilità. La gestione passiva, mirando a replicare un indice, può offrire una maggiore diversificazione e potenzialmente ridurre il rischio.

Orizzonte Temporale: La durata degli investimenti è un fattore da considerare. Per gli investitori a lungo termine che mirano a costruire ricchezza nel corso degli anni, la gestione passiva può offrire un approccio più semplice e meno impegnativo. Gli investitori a breve termine che cercano opportunità tattiche di mercato potrebbero trovarsi più a loro agio con la gestione attiva.

Costi e Commissioni: La gestione passiva generalmente comporta costi più bassi rispetto alla gestione attiva. Gli investitori dovrebbero essere consapevoli dei costi di gestione, commissioni di negoziazione e altri oneri associati a ciascun approccio. La gestione passiva, attraverso veicoli come gli ETF, offre spesso un'opzione più economica.

Performance Storica: Analizzare la performance storica degli approcci attivi e passivi può fornire indicazioni sulla coerenza dei risultati nel tempo. Tuttavia, è importante notare che le performance passate non garantiscono risultati futuri, e il successo di un approccio può variare in base alle condizioni di mercato e ad altri fattori.

Convinzioni Personali e Comodità: Le convinzioni personali e il comfort dell'investitore con l'approccio scelto sono elementi cruciali. Alcuni investitori possono preferire un maggiore coinvolgimento attivo nel processo decisionale, mentre altri possono optare per una strategia più passiva e meno impegnativa.

In conclusione, la decisione tra gestione attiva e passiva è altamente individuale. Molti investitori scelgono di combinare entrambi gli approcci in un portafoglio diversificato. La diversificazione non riguarda solo la composizione del portafoglio, ma anche la diversificazione degli approcci di gestione. La consulenza di un professionista finanziario può essere preziosa per guidare questa decisione in base alle esigenze specifiche di ciascun investitore.

14) MONITORAGGIO E ADATTAMENTO DEL PORTAFOGLIO

Il Capitolo 14 si concentra sull'importanza del monitoraggio e dell'adattamento del portafoglio di investimenti nel contesto di un approccio finanziario a lungo termine. Il processo di investire non si conclude con la selezione iniziale degli strumenti finanziari, ma richiede una costante vigilanza e un adattamento alle mutevoli condizioni di mercato, agli obiettivi personali e alle evoluzioni economiche.

Monitorare e adattare il portafoglio sono elementi critici per garantire che gli investimenti siano allineati agli obiettivi finanziari dell'investitore e che rispondano in modo appropriato alle dinamiche del mercato. Questo capitolo esplora le prassi migliori per il monitoraggio, la valutazione delle performance e l'apportare modifiche strategiche o tattiche al portafoglio in risposta a cambiamenti nelle circostanze finanziarie o nell'ambiente di investimento.

Durante il percorso di questo capitolo, saranno affrontati argomenti come gli indicatori chiave da monitorare, l'analisi periodica delle performance degli investimenti, le strategie di riequilibrio del portafoglio e la gestione dei rischi. Gli investitori impareranno come valutare se il loro portafoglio sta raggiungendo gli obiettivi prefissati e come apportare modifiche mirate per mantenere una strategia di investimento coerente con le proprie esigenze finanziarie.

L'obiettivo principale di questo capitolo è dotare gli investitori di strumenti e conoscenze pratiche per adattare in modo intelligente i loro portafogli in risposta alle dinamiche del mercato e agli sviluppi personali. Un portafoglio ben gestito non solo mira a massimizzare i rendimenti, ma considera anche la gestione dei rischi, l'adattamento alle esigenze in evoluzione e la capacità di affrontare eventuali imprevisti.

La gestione attenta del portafoglio non solo ottimizza il potenziale rendimento degli investimenti, ma contribuisce anche a proteggere il patrimonio dell'investitore nel lungo termine. In un mondo finanziario in continua evoluzione, l'abilità di monitorare attentamente e adattare il proprio portafoglio diventa un elemento chiave per il successo nell'ottenere gli obiettivi finanziari prefissati.

14.1 Perché è importante monitorare il proprio portafoglio?

Il monitoraggio costante del portafoglio è cruciale per il successo degli investimenti nel lungo termine. Questa pratica consente agli investitori di valutare regolarmente le performance del loro portafoglio, verificare se gli obiettivi finanziari sono in via di raggiungimento e apportare eventuali aggiustamenti strategici. Vediamo alcune ragioni fondamentali per cui il monitoraggio del portafoglio è un aspetto così importante:

Valutazione delle Performance: Il monitoraggio del portafoglio fornisce agli investitori una visione chiara delle performance dei loro investimenti. Questa valutazione può includere la redditività complessiva, la variazione del valore degli attivi e il confronto con gli obiettivi di rendimento stabiliti in fase di pianificazione finanziaria.

Adattamento alle Condizioni di Mercato: I mercati finanziari sono dinamici e soggetti a cambiamenti rapidi. Monitorare il portafoglio consente agli investitori di adattarsi alle condizioni di mercato mutevoli. Può essere necessario apportare modifiche alle allocazioni di asset o alle strategie di investimento per affrontare le nuove sfide o sfruttare nuove opportunità.

Riequilibrio Periodico: Nel corso del tempo, le performance degli investimenti possono influire sulla composizione del portafoglio. Il riequilibrio periodico è un aspetto chiave del monitoraggio, consentendo agli investitori di riportare il portafoglio alla sua allocazione target. Questa pratica aiuta a mantenere la diversificazione desiderata e a gestire il rischio in modo efficace.

Adeguamento agli Obiettivi di Vita: Gli obiettivi finanziari e le circostanze di vita possono cambiare nel tempo. Il monitoraggio del portafoglio offre l'opportunità di valutare se il portafoglio attuale è in linea con gli obiettivi e, se necessario, apportare modifiche per riflettere nuove priorità o cambiamenti nella situazione personale.

Gestione dei Rischi: Il monitoraggio costante del portafoglio permette agli investitori di identificare e gestire i rischi in modo tempestivo. Ciò include la valutazione della tolleranza al rischio e la possibile necessità di aggiustamenti per mantenere una congruenza con il profilo di rischio dell'investitore.

Pianificazione Fiscale: Il monitoraggio del portafoglio è essenziale anche per la pianificazione fiscale. Gli investitori possono valutare l'impatto fiscale delle loro decisioni di investimento e apportare eventuali aggiustamenti per ottimizzare la gestione fiscale del loro patrimonio.

In sintesi, il monitoraggio del portafoglio rappresenta un processo dinamico che consente agli investitori di mantenere il controllo sui loro investimenti. Attraverso questa pratica, gli investitori possono prendere decisioni informate, adattare il portafoglio alle mutevoli condizioni del mercato e perseguire con successo i loro obiettivi finanziari nel corso del tempo.

14.2 Come monitorare il

proprio portafoglio

Monitorare il proprio portafoglio è una pratica essenziale per gli investitori al fine di garantire un controllo efficace e tempestivo sulle performance degli investimenti. Esistono diversi modi e strumenti che gli investitori possono utilizzare per monitorare il proprio portafoglio in modo efficiente:

Piattaforme di Brokeraggio Online: Le piattaforme di brokeraggio online offrono strumenti avanzati per il monitoraggio dei portafogli. Gli investitori possono visualizzare in tempo reale il valore del loro portafoglio, l'andamento degli investimenti individuali, i rendimenti complessivi e altre metriche chiave. Queste piattaforme consentono anche la personalizzazione di report e avvisi per informare gli investitori su eventuali variazioni significative.

Applicazioni Mobili: Molte società di brokeraggio forniscono app mobili che consentono agli investitori di monitorare il loro portafoglio ovunque si trovino. Le app offrono solitamente funzionalità simili a quelle delle piattaforme desktop, consentendo agli investitori di rimanere connessi e informati anche in movimento.

Software di Gestione Finanziaria: Esistono software di gestione finanziaria che consentono agli investitori di aggregare e monitorare tutti i loro conti finanziari in un'unica piattaforma. Questi strumenti forniscono una visione consolidata del patrimonio, consentendo agli investitori di valutare la diversificazione del portafoglio e ricevere avvisi su eventuali deviazioni dagli obiettivi stabiliti.

Rapporti Periodici: Molti broker forniscono rapporti periodici dettagliati che riassumono le performance del portafoglio durante un determinato periodo. Questi rapporti possono includere grafici, analisi di allocazione e confronti con benchmark di mercato. Gli investitori possono utilizzare tali rapporti per valutare se il loro portafoglio sta raggiungendo gli obiettivi stabiliti.

Avvisi e Notifiche: Configurare avvisi e notifiche è una pratica utile per essere immediatamente informati su eventi significativi che riguardano il portafoglio. Gli avvisi possono includere variazioni di valore, raggiungimento di determinati obiettivi di rendimento o situazioni di riequilibrio consigliate.

Analisi delle Performance: L'analisi delle performance è fondamentale per comprendere come il portafoglio si è comportato nel tempo. Gli investitori possono esaminare le performance complessive, la contribuzione di ciascun investimento e l'andamento rispetto a benchmark di riferimento per valutare l'efficacia della loro strategia di investimento.

Revisione Regolare: Una revisione regolare del portafoglio è un'abitudine saggia. Gli investitori dovrebbero dedicare del tempo in modo periodico per esaminare attentamente la composizione del loro portafoglio, valutare l'adeguatezza delle allocazioni e apportare eventuali aggiustamenti in base a cambiamenti nelle loro esigenze o nelle condizioni di mercato.

In conclusione, il monitoraggio del portafoglio richiede una combinazione di strumenti tecnologici, analisi delle performance e revisioni regolari. Gli investitori che seguono attentamente il loro portafoglio sono in una posizione migliore per prendere decisioni informate e adattare la loro strategia di investimento alle mutevoli circostanze finanziarie.

14.3 Come adattare il proprio portafoglio

L'adattamento del portafoglio è un processo fondamentale per mantenere la coerenza con gli obiettivi finanziari, gestire i rischi e sfruttare le opportunità di mercato. Gli investitori devono essere pronti ad apportare modifiche al loro portafoglio in risposta a cambiamenti nelle condizioni di mercato, nei loro obiettivi di vita e nelle prospettive economiche. Ecco alcune considerazioni e strategie chiave per adattare con successo il proprio portafoglio:

Riequilibrio Periodico: Il riequilibrio del portafoglio è un processo cruciale per mantenere l'allocazione degli asset in linea con gli obiettivi prefissati. Se alcuni investimenti hanno ottenuto rendimenti superiori rispetto agli altri, potrebbe essere necessario vendere parte di quegli investimenti e reinvestire i proventi in asset sottorappresentati per mantenere la diversificazione desiderata.

Cambiamenti negli Obiettivi Finanziari: Gli investitori dovrebbero adattare il proprio portafoglio in base a cambiamenti nei loro obiettivi finanziari. Ad esempio, se si avvicina la pensione, potrebbe essere opportuno ridurre l'esposizione al rischio cercando investimenti più conservativi. Al contrario, se gli obiettivi a lungo termine richiedono una crescita più aggressiva, potrebbe essere necessario rivedere l'allocazione degli asset per cercare opportunità di rendimento più elevate.

Aggiornamento della Tolleranza al Rischio: La tolleranza al rischio di un investitore può cambiare nel tempo. Eventi significativi come cambiamenti nella situazione finanziaria personale o nella stabilità economica possono influire sulla propria avversione al rischio. Gli investitori dovrebbero adattare il proprio portafoglio per riflettere la loro attuale tolleranza al rischio e garantire che sia in armonia con il loro comfort e le aspettative.

Sfruttare Opportunità di Mercato: Le condizioni di mercato in evoluzione possono creare opportunità di investimento. Adattare il portafoglio per sfruttare queste opportunità può includere l'identificazione di settori in crescita, l'allocazione in nuove classi di attivi o l'aggiustamento della ponderazione di settori specifici in base alle previsioni di mercato.

Considerare le Implicazioni Fiscali: Apportare modifiche al portafoglio può avere implicazioni fiscali. Gli investitori dovrebbero valutare attentamente l'impatto delle vendite di investimenti sulla loro situazione fiscale e considerare strategie per ridurre al minimo l'imposta sulle plusvalenze, come l'utilizzo delle perdite fiscali o l'implementazione di una strategia di "tax-loss harvesting".

Valutare le Nuove Informazioni: Eventi economici, politici o globali possono fornire nuove informazioni che influenzano il mercato e le prospettive di investimento. Gli investitori dovrebbero essere pronti ad adattare il proprio portafoglio in risposta a queste nuove informazioni, rivedendo le proprie analisi e assicurandosi che il portafoglio rifletta le attuali condizioni di mercato.

Consultare un Professionista Finanziario: L'adattamento del portafoglio può essere una decisione complessa. Consultare un professionista finanziario può fornire un'analisi approfondita delle esigenze individuali, offrire consigli personalizzati e aiutare a navigare attraverso le complessità dell'adattamento del portafoglio in modo efficace.

In sintesi, adattare il proprio portafoglio è una pratica continua che richiede attenzione alle dinamiche del mercato, all'evoluzione degli obiettivi personali e alla gestione dei rischi. Essere flessibili e pronti a prendere decisioni informate è essenziale per mantenere un portafoglio in linea con le proprie esigenze finanziarie nel corso del tempo.

15) INTRODUZIONE ALLA PSICOLOGIA DEGLI INVESTIMENTI

La psicologia degli investimenti rappresenta un elemento fondamentale nel comprendere come gli individui prendono decisioni finanziarie e come queste decisioni possono influenzare le loro performance nel mercato. Contrariamente all'approccio tradizionale basato sulla razionalità e sulla logica, la psicologia degli investimenti riconosce che gli investitori sono esseri umani suscettibili a emozioni, bias cognitivi e comportamenti irrazionali che possono influire sulle scelte finanziarie.

L'interazione tra mente e finanza è un campo di studio che cerca di analizzare come le emozioni come paura, avidità, eccesso di fiducia o panico possono influenzare le decisioni di investimento. Comprendere questi aspetti psicologici è cruciale per gli investitori che desiderano migliorare le proprie abilità decisionali, gestire il rischio e ottenere risultati più coerenti nei mercati finanziari.

In questa sezione, esploreremo i vari fattori psicologici che giocano un ruolo significativo nelle decisioni finanziarie, fornendo insight sulle sfide comuni che gli investitori affrontano a livello emotivo e cognitivo. Analizzeremo anche strategie pratiche per gestire la psicologia degli investimenti, affrontare i bias cognitivi e sviluppare una mentalità che favorisca decisioni più informate e razionali. La consapevolezza della psicologia degli investimenti può essere un prezioso strumento per gli investitori che cercano di navigare nel complesso mondo finanziario con successo.

15.1 L'importanza della psicologia degli investimenti

L'importanza della psicologia degli investimenti risiede nella consapevolezza che le decisioni finanziarie non sono esclusivamente razionali, ma sono fortemente influenzate da fattori psicologici ed emotivi. Gli investitori, anche quelli più esperti, sono suscettibili a una serie di reazioni e comportamenti che possono compromettere le loro scelte finanziarie. Alcuni punti chiave per comprendere l'importanza della psicologia degli investimenti includono:

Emozioni e Decisioni Finanziarie: Le emozioni come paura, avidità e panico possono influenzare significativamente le decisioni finanziarie. Ad esempio, la paura delle perdite potrebbe portare a vendite impulsive durante un calo del mercato, mentre l'avidità potrebbe spingere gli investitori a prendere rischi eccessivi durante periodi di crescita.

Bias Cognitivi: Gli investitori sono spesso vittime di bias cognitivi, ovvero errori sistematici nella loro elaborazione delle informazioni. Il confermare le proprie convinzioni preesistenti (confirmation bias), la tendenza a seguire la folla (herding behavior) e la sovrastima delle proprie abilità (overconfidence) sono solo alcuni esempi di come i bias cognitivi possono influenzare le decisioni di investimento.

Effetto Gregge e Comportamento Irrazionale: L'effetto gregge si verifica quando gli investitori seguono la massa senza una valutazione razionale delle informazioni disponibili. Questo comportamento può portare a bolle speculative e vendite di panico, creando volatilità eccessiva nei mercati finanziari.

Orizzonte Temporale e Impulsività: La psicologia degli investimenti considera anche la gestione del tempo e la tendenza degli investitori a essere influenzati da risultati a breve termine.

L'impulsività e la mancanza di una visione a lungo termine possono compromettere la capacità di raggiungere gli obiettivi finanziari.

Gestione delle Perdite: La psicologia degli investimenti esamina la gestione delle perdite e come gli investitori reagiscono quando il valore del loro portafoglio diminuisce. La paura delle perdite può portare a decisioni irrazionali, come vendite precipitose, anziché adottare una prospettiva a lungo termine.

Strategie per Gestire la Psicologia degli Investimenti: La consapevolezza di questi aspetti psicologici è fondamentale per gli investitori che desiderano migliorare le proprie decisioni finanziarie. Sviluppare strategie per gestire le emozioni, riconoscere i bias cognitivi e adottare un approccio più razionale può aiutare a migliorare la coerenza e la solidità delle scelte di investimento nel tempo.

In conclusione, comprendere l'importanza della psicologia degli investimenti consente agli investitori di andare oltre l'approccio puramente razionale, considerando gli aspetti emotivi e cognitivi che influenzano le loro decisioni finanziarie. L'obiettivo è sviluppare una consapevolezza critica che possa contribuire a un processo decisionale più equilibrato e orientato al successo nel mondo degli investimenti.

15.2 I fattori psicologici che influenzano gli investimenti

Gli investimenti sono profondamente influenzati da una serie di fattori psicologici che possono modellare il comportamento degli investitori e impattare sulle decisioni finanziarie. Comprendere questi fattori è essenziale per gestire consapevolmente il processo decisionale. Alcuni dei principali fattori psicologici che giocano un ruolo nei mercati finanziari includono:

Aversione alla Perdita: Gli investitori tendono a dare maggiore peso alle perdite rispetto ai guadagni. L'avversione alla perdita può portare a decisioni conservative per evitare la sensazione di perdita, anche a costo di rinunciare a opportunità di crescita.

Eccesso di Fiducia: L'eccesso di fiducia è la tendenza a sovrastimare le proprie abilità e la precisione delle proprie previsioni. Questo può portare a scelte eccessivamente rischiose e a una mancanza di diversificazione, con potenziali conseguenze negative per il portafoglio.

Herding Behavior: Gli investitori spesso seguono il gregge, agendo in base alle azioni degli altri senza una valutazione razionale delle informazioni disponibili. Questo comportamento può contribuire alla formazione di bolle speculative o a vendite di panico durante i cali di mercato.

Framing Effect: La presentazione delle informazioni può influenzare le decisioni degli investitori. Il framing effect si verifica quando la stessa informazione viene presentata in modo diverso, portando a reazioni diverse. Ad esempio, un investitore potrebbe rispondere in modo diverso a un investimento descritto come "con basso rischio" rispetto a uno descritto come "senza rischio".

Overreaction e Underreaction: Gli investitori possono reagire in modo eccessivo o insufficiente alle informazioni di mercato. L'overreaction si verifica quando gli investitori rispondono in modo eccessivo a eventi di breve termine, mentre l'underreaction si verifica quando gli investitori impiegano troppo tempo per recepire e rispondere alle informazioni rilevanti.

Effetto Anchoring: Gli investitori possono ancorare le proprie decisioni a informazioni rilevanti, anche se non sono più pertinenti. Ad esempio, un investitore potrebbe ancorare il prezzo di acquisto di un'azione e basare le decisioni future su quel valore, anche se il contesto è cambiato.

Regret Aversion: Gli investitori possono evitare decisioni che potrebbero portare a rimpianti. Ad esempio, l'evitare di vendere un investimento in perdita per evitare il rimpianto di una potenziale ripresa del suo valore.

Tendenza a Vendere i Vincitori e Tenere i Perdenti: Questa tendenza comporta la vendita prematura di investimenti che hanno ottenuto guadagni e il mantenimento di quelli che hanno subito perdite. Può essere influenzata dall'avversione alla perdita e dall'eccesso di fiducia.

Comprendere come questi fattori psicologici influenzano le decisioni di investimento consente agli investitori di adottare approcci più razionali e bilanciati, riducendo l'impatto delle emozioni e dei bias cognitivi sulle scelte finanziarie. La consapevolezza di questi fattori può essere fondamentale per sviluppare una strategia di investimento più resiliente e orientata al successo nel lungo termine.

15.3 Come gestire la psicologia degli investimenti

Gestire la psicologia degli investimenti è fondamentale per prendere decisioni finanziarie informate e coerenti nel lungo termine. Una serie di strategie può essere adottata per affrontare i fattori psicologici che influenzano le scelte degli investitori:

Autoconsapevolezza: Riconoscere le proprie emozioni e tendenze comportamentali è il primo passo per gestire la psicologia degli investimenti. Gli investitori dovrebbero essere consapevoli dei propri sentimenti di paura, avidità, eccesso di fiducia o panico, cercando di mantenere un approccio razionale.

Diversificazione del Portafoglio: La diversificazione può aiutare a ridurre l'impatto delle perdite su singoli investimenti e mitigare il rischio complessivo del portafoglio. Questo approccio può contribuire a stabilizzare le emozioni degli investitori durante periodi di volatilità.

Pianificazione a Lungo Termine: Adottare una prospettiva a lungo termine può aiutare gli investitori a resistere alle fluttuazioni di breve termine. La focalizzazione sugli obiettivi finanziari a lungo termine consente di evitare decisioni impulsiva basate su eventi di breve durata.

Educazione Finanziaria: Migliorare la conoscenza finanziaria può fornire agli investitori gli strumenti necessari per comprendere meglio il funzionamento dei mercati, riducendo l'incertezza e contribuendo a decisioni più informate.

Consultazione con Professionisti Finanziari: Lavorare con professionisti finanziari può offrire un supporto prezioso. Gli advisor possono fornire una prospettiva obiettiva, aiutare a sviluppare strategie di investimento e agire come freno contro decisioni irrazionali.

Pianificazione e Monitoraggio: Una pianificazione finanziaria solida, che includa obiettivi chiari e un piano di investimento, può fungere da guida nelle decisioni quotidiane. Monitorare il proprio portafoglio regolarmente consente di apportare adattamenti basati su cambiamenti nelle circostanze o negli obiettivi.

Gestione Attiva delle Emozioni: Sviluppare abilità per gestire attivamente le emozioni può essere cruciale. Tecniche come la mindfulness o la visualizzazione positiva possono contribuire a mantenere un equilibrio emotivo durante periodi di incertezza.

Riduzione dell'Overtrading: Evitare l'eccessivo scambio di titoli può aiutare a prevenire decisioni basate sull'impulso. Una strategia di trading meno frequente può ridurre il rischio di reazioni eccessive a fluttuazioni di breve termine.

Gestire la psicologia degli investimenti richiede un impegno continuo e la consapevolezza dei propri comportamenti. L'adozione di strategie mirate a mitigare gli effetti delle emozioni e dei bias cognitivi può contribuire a costruire una strategia di investimento più robusta e adatta agli obiettivi individuali.

16) INTRODUZIONE ALLA PIANIFICAZIONE DELLA SUCCESSIONE E PROTEZIONE DEL PATRIMONIO

La pianificazione della successione e la protezione del patrimonio costituiscono un aspetto vitale della gestione finanziaria che va al di là degli investimenti tradizionali. Questo capitolo si concentra sull'importanza di preparare una strategia robusta per garantire la transizione agevole del patrimonio da una generazione all'altra e sulla protezione degli attivi acquisiti nel corso del tempo.

La pianificazione della successione va oltre la semplice distribuzione di beni materiali; coinvolge la trasmissione di valori, obiettivi e visioni familiari. Questo processo richiede una riflessione approfondita sulle dinamiche familiari, sulle esigenze finanziarie future e sulla minimizzazione delle passività fiscali. Inoltre, la protezione del patrimonio si occupa di mitigare rischi legali, fiscali e di gestione che potrebbero minacciare la solidità del patrimonio accumulato.

Questo capitolo esplorerà gli elementi fondamentali della pianificazione della successione, tra cui la redazione di testamenti, fiducie e altri strumenti giuridici. Analizzeremo anche le strategie per proteggere il patrimonio da possibili passività, debiti e tasse, assicurando una distribuzione efficace e consapevole delle risorse familiari.

In sintesi, la pianificazione della successione e la protezione del patrimonio sono aspetti cruciali della gestione finanziaria complessiva, che richiedono una prospettiva olistica e una collaborazione tra professionisti finanziari e legali. Attraverso una preparazione attenta, gli individui possono garantire che il loro patrimonio sia gestito in modo coerente con i loro obiettivi, proteggendo al contempo il benessere delle generazioni future.

16.1 Che cos'è la pianificazione della successione?

La pianificazione della successione è un processo strategico mirato a garantire una transizione senza problemi dei beni, degli affari e delle responsabilità da una generazione all'altra. Si tratta di un elemento cruciale nella gestione del patrimonio, andando oltre la mera distribuzione di attività finanziarie e materiali. La pianificazione della successione coinvolge la preparazione per eventi chiave, come la morte o il ritiro di un capofamiglia o di un imprenditore, e mira a preservare la continuità e la stabilità del patrimonio.

Alcuni aspetti chiave della pianificazione della successione includono:

Testamento: La creazione di un testamento è uno degli strumenti di base nella pianificazione della successione. Un testamento chiarisce come dovrebbero essere distribuiti i beni alla morte di una persona e può anche nominare esecutori testamentari, tutori per minori e altri dettagli critici.

Fiducie: Le fiducie sono strumenti giuridici utilizzati per detenere e trasferire il patrimonio in modo controllato. Ciò consente di evitare le complicazioni e le spese legate alla successione, proteggendo al contempo la privacy della famiglia.

Piani di Successione Aziendale: Nel contesto delle imprese familiari, la pianificazione della successione aziendale è fondamentale per garantire una transizione senza problemi. Ciò può coinvolgere la formazione e lo sviluppo delle competenze dei successori, l'identificazione di leader futuri e la creazione di piani di emergenza.

Minimizzazione delle Passività Fiscali: La pianificazione della successione considera anche gli aspetti fiscali, cercando di minimizzare gli oneri fiscali associati al trasferimento di beni. Ciò può comportare l'uso di esenzioni fiscali, deduzioni e altre strategie per ottimizzare la posizione fiscale.

Pianificazione Pre-Nuziale e Post-Nuziale: In alcuni casi, la pianificazione della successione può coinvolgere accordi pre-nuziali o post-nuziali che definiscono come vengono gestiti i beni in caso di divorzio o decesso di un coniuge.

Formazione delle Generazioni Future: Un aspetto spesso trascurato è la formazione delle generazioni future. La preparazione dei successori non riguarda solo la gestione finanziaria, ma anche la trasmissione di valori, obiettivi e una comprensione approfondita degli affari di famiglia o aziendali.

La pianificazione della successione è un processo dinamico che dovrebbe essere regolarmente rivisto e adattato in risposta ai cambiamenti nella situazione familiare, finanziaria e aziendale. Un approccio ben pianificato può contribuire a evitare conflitti, garantire la continuità e preservare il patrimonio per le generazioni future.

16.2 Perché è importante pianificare la successione

La pianificazione della successione riveste un'importanza cruciale nel contesto finanziario, familiare e aziendale. Questo processo va ben oltre la semplice distribuzione di beni e ha ripercussioni significative sulla continuità delle attività, sulla gestione del patrimonio e sulla preservazione dei valori familiari. Ecco alcune ragioni chiave per cui la pianificazione della successione è così fondamentale:

Evita Dispute Familiari: La mancanza di una pianificazione chiara può portare a dispute familiari riguardo alla distribuzione dei beni. Una pianificazione oculata riduce il rischio di contenziosi legali tra eredi, preservando l'armonia familiare.

Preserva la Continuità Aziendale: Nel caso delle imprese familiari, la successione è fondamentale per garantire la continuità e la stabilità dell'attività. Una transizione ben gestita riduce il rischio di interruzioni operative e mantiene la fiducia dei clienti, dipendenti e partner commerciali.

Protegge il Patrimonio: La pianificazione della successione consente di proteggere il patrimonio familiare da passività fiscali e legali. L'ottimizzazione della struttura patrimoniale può ridurre gli oneri fiscali e preservare una quota più significativa del patrimonio accumulato.

Garantisce una Distribuzione Equa: Un piano successorio chiaro assicura che i beni siano distribuiti secondo le volontà del defunto in modo equo tra gli eredi. Ciò aiuta a prevenire situazioni in cui alcuni membri della famiglia si sentano trascurati o ingiustamente trattati.

Minimizza l'Impatto Fiscale: La pianificazione della successione mira a minimizzare gli oneri fiscali associati al trasferimento di beni. Questo può coinvolgere l'uso di esenzioni fiscali, fiducie e altre strategie per preservare il valore dei beni ereditati.

Facilita la Gestione delle Imprese: Nel contesto delle imprese, una pianificazione adeguata della successione include la formazione e lo sviluppo dei successori. Ciò garantisce che coloro che assumono il controllo dell'azienda siano adeguatamente preparati per gestire le sfide e mantenere la crescita.

Mantiene la Privacy Familiare: La pianificazione della successione può anche contribuire a mantenere la privacy della famiglia.

Strumenti come le fiducie possono essere utilizzati per evitare la divulgazione pubblica dei dettagli della successione attraverso il processo di ereditarietà.

Assicura la Sostenibilità Finanziaria: Pianificare la successione implica anche valutare la sostenibilità finanziaria della famiglia o dell'impresa. Ciò può comportare la gestione di debiti, la pianificazione delle pensioni e la creazione di riserve finanziarie per affrontare eventuali imprevisti.

In conclusione, la pianificazione della successione è una componente critica della gestione finanziaria e aziendale. Affrontare questo processo in modo proattivo contribuisce a garantire una transizione senza intoppi, preservando la coesione familiare, la continuità aziendale e la stabilità finanziaria nel lungo termine.

16.3 Come pianificare la successione

La pianificazione della successione è un processo complesso che richiede attenzione a molteplici aspetti. Ecco una panoramica dei passaggi chiave coinvolti nel pianificare la successione in modo efficace:

Valutazione del Patrimonio: Inizia con una valutazione completa del patrimonio, inclusi beni immobili, investimenti, aziende e altre attività. Questa valutazione fornisce una base chiara per la distribuzione e la gestione dei beni.

Identificazione degli Obiettivi: Definisci chiaramente gli obiettivi della pianificazione della successione. Ciò potrebbe includere la distribuzione equa dei beni tra gli eredi, la continuità aziendale o la minimizzazione degli oneri fiscali.

Creazione di un Testamento: Un testamento è un documento chiave nella pianificazione della successione. Deve essere redatto con attenzione, specificando chiaramente come dovrebbero essere distribuiti i beni alla morte e nominando esecutori testamentari.

Considerazione delle Esigenze dei Successori: Nel caso di imprese familiari, valuta le competenze, le ambizioni e gli interessi dei successori. Fornisci formazione e supporto per preparare i successori a prendere le redini dell'attività.

Utilizzo di Strumenti Giuridici: Esplora strumenti giuridici come fiducie, che possono aiutare a gestire e trasferire il patrimonio in modo più controllato, proteggendo la privacy della famiglia e ottimizzando gli aspetti fiscali.

Pianificazione Fiscale: Coinvolgi professionisti fiscali per progettare una strategia che minimizzi gli oneri fiscali associati al trasferimento di beni. Ciò può coinvolgere l'uso di esenzioni fiscali, deduzioni e altre tattiche.

Considerazione delle Implicazioni Aziendali: Se coinvolge un'azienda, pianifica attentamente la successione aziendale. Questo può includere la formazione dei successori, la definizione di ruoli chiave e la creazione di piani di contingenza per situazioni impreviste.

Protezione del Patrimonio: Valuta le strategie per proteggere il patrimonio da possibili passività legali o creditizie. Questo può coinvolgere la creazione di strutture legali che separano il patrimonio personale da quello aziendale.

Monitoraggio e Aggiornamento: La pianificazione della successione non è statica. Periodicamente, rivedi il piano in risposta ai cambiamenti nelle circostanze familiari, aziendali o legali, garantendo che sia sempre allineato agli obiettivi.

Coinvolgimento di Professionisti: Collabora con professionisti qualificati, come avvocati specializzati in diritto successorio, consulenti fiscali e consulenti finanziari, per garantire un approccio completo e ben informato.

Comunicazione Familiare: La comunicazione aperta e chiara è essenziale. Coinvolgi la famiglia nel processo di pianificazione della successione, spiegando le decisioni prese e gestendo le aspettative.

La pianificazione della successione richiede tempo, attenzione ai dettagli e una comprensione approfondita delle dinamiche familiari e finanziarie. Affrontata con cura, questa pratica può contribuire a garantire la continuità del patrimonio e la realizzazione degli obiettivi desiderati per le generazioni future.

CONCLUSIONE

In conclusione, questo libro è stato concepito con l'obiettivo di fornire una guida completa e accessibile agli investimenti e alla gestione finanziaria personale. Attraverso l'esplorazione dettagliata di concetti chiave, dalle basi degli investimenti fino alle complesse strategie di successione, abbiamo cercato di offrire una risorsa informativa per aiutare il lettore a prendere decisioni finanziarie informate e a costruire un futuro solido.

Siamo consapevoli che il mondo degli investimenti può sembrare complesso e, talvolta, intimidatorio. Tuttavia, è fondamentale comprendere che la conoscenza è la chiave per superare le sfide finanziarie e sfruttare le opportunità disponibili. Ogni capitolo di questo libro è stato progettato per offrire informazioni pratiche, consigli utili e strategie chiare per consentire al lettore di navigare con fiducia nel mondo degli investimenti.

La pianificazione finanziaria è un viaggio continuo, e l'apprendimento costante è essenziale per adattarsi alle sfide mutevoli e alle opportunità emergenti. Incoraggiamo il lettore a non vedere questo libro come una risorsa da consumare una volta sola, ma come un compagno affidabile nel corso della sua vita finanziaria. Ogni individuo ha una situazione finanziaria unica, e le decisioni prese oggi avranno un impatto duraturo sul futuro.

Nella nostra era digitale in rapida evoluzione, è fondamentale rimanere aggiornati sulle nuove tendenze, tecnologie e strumenti finanziari. Utilizzate questo libro come trampolino di lancio per ulteriori esplorazioni e approfondimenti nel mondo finanziario.

Ricordate sempre che la pianificazione finanziaria è una forma di investimento in voi stessi e nel vostro futuro. Non abbiate paura di cercare consulenza professionale quando necessario, di adattare la vostra strategia alle vostre esigenze in evoluzione e di perseverare anche quando il percorso sembra impegnativo.

Che siate agli inizi del vostro percorso finanziario o che abbiate già acquisito esperienza, vi auguriamo successo nel raggiungere i vostri obiettivi finanziari e nell'ottenere la sicurezza e la libertà che una gestione finanziaria oculata può offrire. Insieme, possiamo costruire un futuro finanziario sano e prospero.

DOMANDE DI RIEPILOGO:

Domanda 1: Come posso determinare il mio profilo di rischio per gli investimenti?

Risposta: Per determinare il tuo profilo di rischio, valuta attentamente il tuo livello di tolleranza al rischio, obiettivi finanziari e orizzonte temporale. Puoi anche utilizzare questionari online specifici o consultare un consulente finanziario per un'analisi più approfondita. Ricorda che comprendere il tuo profilo di rischio è essenziale per costruire un portafoglio che sia in linea con le tue esigenze e comfort finanziario.

Domanda 2: Quali sono le principali differenze tra gestione attiva e passiva degli investimenti?

Risposta: La gestione attiva coinvolge decisioni attive nel selezionare e gestire gli investimenti, spesso con l'obiettivo di superare il mercato. D'altra parte, la gestione passiva mira a replicare l'andamento di un indice di mercato senza tentare di superarlo. La scelta tra gestione attiva e passiva dipende dalle tue preferenze, obiettivi e convinzioni sulle prospettive di mercato.

Domanda 3: Come posso diversificare il mio portafoglio in modo efficace?

Risposta: La diversificazione del portafoglio coinvolge la distribuzione degli investimenti su varie classi di attività al fine di ridurre il rischio complessivo. Puoi diversificare attraverso diverse categorie di asset come azioni, obbligazioni, immobili o investimenti alternativi. Inoltre, la diversificazione geografica e settoriale può contribuire a mitigare i rischi specifici di un'area o settore.

Domanda 4: Quali sono gli strumenti più efficaci per il risparmio fiscale?

Risposta: Alcune strategie comuni per il risparmio fiscale includono l'utilizzo di conti pensione, l'investimento in strumenti esentasse come obbligazioni municipali e l'ottimizzazione delle plusvalenze. Inoltre, l'adozione di strategie di pianificazione fiscale, come la gestione delle deduzioni fiscali e l'uso efficiente delle agevolazioni fiscali disponibili, può contribuire a ridurre l'onere fiscale complessivo.

Domanda 5: Come posso gestire la psicologia degli investimenti durante periodi di volatilità di mercato?

Risposta: Per gestire la psicologia degli investimenti durante periodi di volatilità, è importante mantenere una prospettiva a lungo termine, evitare decisioni impulsiva e basare le scelte sugli obiettivi stabiliti in precedenza. Mantenere un portafoglio ben diversificato può contribuire a ridurre l'impatto delle fluttuazioni di mercato. Inoltre, rimanere informati, ma evitare l'eccesso di notizie, può contribuire a mantenere una prospettiva razionale durante periodi tumultuosi.

www.ingramcontent.com/pod-product-compliance
Lightning Source LLC
Chambersburg PA
CBHW050032260726
48658CB00005B/1561